Fit for Future

Die Zukunft wird massive Veränderungen im Arbeits- und Privatleben mit sich bringen. Tendenzen gehen sogar dahin, dass die klassische Teilung zwischen Arbeitszeit und Freizeit nicht mehr gelingen wird. Eine neue Zeit – die sogenannte „Lebenszeit" – beginnt. Laut Bundesregierung werden in den nächsten Jahren viele Berufe einen tiefgreifenden Wandel erleben und in ihrer derzeitigen Form nicht mehr existieren. Im Gegenzug wird es neue Berufe geben, von denen wir heute noch nicht wissen, wie diese aussehen oder welche Tätigkeiten diese beinhalten werden. Betriebsökonomen schildern mögliche Szenarien, dass eine stetig steigende Anzahl an Arbeitsplätzen durch Digitalisierung und Robotisierung gefährdet sind. Die Reihe „Fit for future" beschäftigt sich eingehend mit dieser Thematik und bringt zum Ausdruck, wie wichtig es ist, sich diesen neuen Rahmenbedingungen am Markt anzupassen, flexibel zu sein, seine Kompetenzen zu stärken und „Fit for future" zu werden. Der Initiator der Buchreihe Peter Buchenau lädt hierzu namhafte Experten ein, ihren Erfahrungsschatz auf Papier zu bringen und zu schildern, welche Kompetenzen es brauchen wird, um auch künftig erfolgreich am Markt zu agieren. Ein Buch von der Praxis für die Praxis, von Profis für Profis. Leser und Leserinnen erhalten „einen Blick in die Zukunft" und die Möglichkeit, ihre berufliche Entwicklung rechtzeitig mitzugestalten.

Jörg Ristau

KI trifft Menschlichkeit

Warum unser Menschsein die treibende Kraft für eine sinnvolle Zukunft ist

Jörg Ristau
grossefreiheit.com
Hamburg, Deutschland

ISSN 2730-6941　　　　　　　　ISSN 2730-695X (electronic)
Fit for Future
ISBN 978-3-658-47887-2　　　　ISBN 978-3-658-47888-9 (eBook)
https://doi.org/10.1007/978-3-658-47888-9

Die Deutsche Nationalbibliothek verzeichnet diese Publikation in der Deutschen Nationalbibliografie; detaillierte bibliografische Daten sind im Internet über https://portal.dnb.de abrufbar.

© Der/die Herausgeber bzw. der/die Autor(en), exklusiv lizenziert an Springer Fachmedien Wiesbaden GmbH, ein Teil von Springer Nature 2025

Das Werk einschließlich aller seiner Teile ist urheberrechtlich geschützt. Jede Verwertung, die nicht ausdrücklich vom Urheberrechtsgesetz zugelassen ist, bedarf der vorherigen Zustimmung des Verlags. Das gilt insbesondere für Vervielfältigungen, Bearbeitungen, Mikroverfilmungen und die Einspeicherung und Verarbeitung in elektronischen Systemen.
Die Wiedergabe von allgemein beschreibenden Bezeichnungen, Marken, Unternehmensnamen etc. in diesem Werk bedeutet nicht, dass diese frei durch jede Person benutzt werden dürfen. Die Berechtigung zur Benutzung unterliegt, auch ohne gesonderten Hinweis hierzu, den Regeln des Markenrechts. Die Rechte des/der jeweiligen Zeicheninhaber*in sind zu beachten.
Der Verlag, die Autor*innen und die Herausgeber*innen gehen davon aus, dass die Angaben und Informationen in diesem Werk zum Zeitpunkt der Veröffentlichung vollständig und korrekt sind. Weder der Verlag noch die Autor*innen oder die Herausgeber*innen übernehmen, ausdrücklich oder implizit, Gewähr für den Inhalt des Werkes, etwaige Fehler oder Äußerungen. Der Verlag bleibt im Hinblick auf geografische Zuordnungen und Gebietsbezeichnungen in veröffentlichten Karten und Institutionsadressen neutral.

Springer Gabler ist ein Imprint der eingetragenen Gesellschaft Springer Fachmedien Wiesbaden GmbH und ist ein Teil von Springer Nature.
Die Anschrift der Gesellschaft ist: Abraham-Lincoln-Str. 46, 65189 Wiesbaden, Germany

Wenn Sie dieses Produkt entsorgen, geben Sie das Papier bitte zum Recycling.

Vorwort

Für wen ist dieses Buch?
Als ich die ersten Worte dieses Buches schrieb, dachte ich, es würde ein klassischer Leitfaden für Führungskräfte werden – ein Handbuch für jene, die Unternehmen lenken, Geschäftsmodelle entwickeln und in stürmischen Zeiten Kurs halten. Doch je tiefer ich in die Materie eintauchte, desto deutlicher wurde mir: Dieses Buch ist mehr. Es ist ein Weckruf – ein Appell an alle, die bereit sind, Verantwortung zu übernehmen, nicht nur für ihre Unternehmen, sondern für unsere gemeinsame Zukunft.

Wir stehen an einer Schwelle. Eine Revolution, getrieben von Künstlicher Intelligenz (KI), verändert unsere Welt mit einer Wucht, wie es einst die Dampfmaschine oder das Fließband taten. Doch dieses Mal geht es um mehr. Viel mehr. Es geht um die Frage, wie wir in einer zunehmend automatisierten Welt unseren Platz finden – als Menschen, mit all unseren Stärken, Träumen und Werten.

Dieses Buch richtet sich nicht nur an CEOs oder Unternehmer. Es ist für Pioniere, für alle, die Neuland betreten wollen. Für Menschen, die nicht länger Zuschauer sein möchten, sondern die Zukunft aktiv gestalten. Für dich. Für mich. Für uns alle, die erkannt haben, dass die wichtigste Entscheidung unserer Zeit nicht technischer, sondern menschlicher Natur ist.

Stell dir einen Moment vor, in dem alles auf der Kippe steht: Hinter dir liegt die vertraute Sicherheit, vor dir der Abgrund des Unbekannten. Die Digitalisierung, die KI-Revolution – all das rollt mit unaufhaltsamer Wucht auf uns zu. Wir haben nur zwei Möglichkeiten: Stehenbleiben und überwältigt werden. Oder mutig voranschreiten und diese Veränderung für uns nutzen.

Die Zukunft entscheidet sich nicht irgendwann. Sie entscheidet sich jetzt – in jedem Moment, in dem wir handeln oder zögern. Die Frage lautet: Bist du bereit, mit Vision und Mut voranzugehen?

Ein menschlicher Weckruf
Die KI ist längst keine Fantasie mehr. Sie ist Realität. Sie verändert unsere Arbeitswelt, unsere Gesellschaft, ja sogar unser Verständnis von uns selbst. Doch mit dieser Transformation kommen nicht nur Chancen, sondern auch Fragen: Wer sind wir in einer Welt, die zunehmend von Maschinen gestaltet wird? Was macht uns einzigartig? Was verleiht unserem Handeln Sinn?

Unsere Herausforderung ist klar: Die Revolution der KI mag technologisch getrieben sein, aber ihre wahre Herausforderung ist eine menschliche. Es ist nicht die Technik, die zählt, sondern unsere Fähigkeit, sie so einzusetzen, dass sie unsere Menschlichkeit stärkt, nicht ersetzt.

Was wir brauchen, ist eine neue Art von Führung – eine, die auf Werten basiert. Eine Führung, die nicht nur Effizienz und Profitstreben im Blick hat, sondern Sinn, Mitgefühl und das Streben nach einer besseren Welt. Diese Art von Führung beginnt nicht mit einem Blick nach außen, sondern mit einem nach innen: Wer bist du? Was treibt dich an? Was willst du wirklich bewirken?

Die Macht der Entscheidung
Jede Revolution birgt Risiken und Chancen. Die digitale ist da keine Ausnahme. Sie fordert uns heraus, uns neu zu definieren. Technik wird niemals träumen, fühlen oder lieben können – das bleibt unser Vorrecht. Doch es liegt an uns, die Verantwortung zu übernehmen, um die Technik so zu nutzen, dass sie unsere Kreativität, Empathie und unser Verlangen nach Sinnhaftigkeit unterstützt.

Dieses Buch will dir nicht nur Wissen vermitteln, sondern dich inspirieren. Es will dir Werkzeuge an die Hand geben, um die Technologien der Zukunft zu verstehen und sie auf eine Weise einzusetzen, die deinem Leben und deinem Tun Bedeutung verleiht. Es ist ein Aufruf, nicht nur die Welt zu beobachten, sondern sie zu gestalten.

Die Revolution der KI ist keine technische – sie ist eine menschliche Revolution. Und sie beginnt genau hier, genau jetzt. Bist du bereit?

Deine Reise beginnt jetzt
Das neue Zeitalter fragt nicht, ob du bereit dafür bist – es kommt einfach, und zwar rasant. Die Zukunft wartet nicht. Die Digitalisierung ist kein Trend, der kommt und geht. Sie ist die neue Realität. Unternehmen, die heute nicht auf den Zug aufspringen, werden morgen hinterherlaufen. Doch für die, die bereit sind, gibt es unzählige Möglichkeiten, die eigene Zukunft aktiv zu gestalten. Und genau hier setzt dieses Buch an. Du wirst lernen, wie du KI in deinem Unternehmen integrieren kannst, wie du die Potenziale nutzt und gleichzeitig die Menschlichkeit bewahrst. Denn Erfolg in der digitalen Welt bedeutet nicht, die Menschen durch Maschinen zu ersetzen. Es bedeutet, die Maschinen zu nut-

zen, um den Menschen zu stärken, ihm in seinem Sinne zu dienen.

Dies ist deine persönliche Einladung zu einer Reise. Eine Reise, die dich herausfordern wird, aber dir auch die Werkzeuge an die Hand gibt, um in einer digitalen Welt nicht nur zu überleben, sondern sie zu gestalten. Lass dich inspirieren, stell dir die richtigen Fragen und wage den Sprung in die Zukunft.

Willkommen in der Ära der Künstlichen Intelligenz. Willkommen in einer Zukunft, die du aktiv mitgestalten kannst.

Von Herzen, **Jörg**

Hamburg, Deutschland   Jörg Ristau

Inhaltsverzeichnis

1 **Die digitale Revolution: Zeitalter der grenzenlosen Möglichkeiten** — 1
  1.1 Das dritte industrielle Zeitalter — 2
  1.2 Transformation der Bildung durch KI: Fokus auf Individualität — 3
  1.3 Grenzen und Möglichkeiten – die Rolle des Menschen im Arbeitsprozess wandelt sich — 3

2 **Unternehmen im Wandel der Zeit** — 7
  2.1 Revolutionen in der Arbeitswelt: Wo kommen wir her? Wohin geht die Reise? — 8
  2.2 Mensch und Maschine – eine Beziehungsgeschichte — 9
  2.3 Digitale Zukunft und Menschlichkeit — 10
  2.4 Wie beeinflusst die Entwicklung der KI dein Geschäftsmodell? — 11
  2.5 Wie sehr liegt dein strategischer Fokus auf dem Nutzen für deine Kunden? — 11
  2.6 Inwieweit bindest du deine Mitarbeiter in die aktuellen Veränderungen ein? — 12

3 Demografischer und Wertewandel in der Gesellschaft — 15
3.1 Der demografische Wandel: Ursachen, Auswirkungen und Herausforderungen — 16
3.2 Der Wertewandel: Was Mitarbeiter heute wirklich wollen — 17
3.3 Erwartungen an Unternehmen im Zeitalter der KI — 19

4 Führung in Zeiten von KI – Menschlichkeit, Ethik und Verantwortung — 21
4.1 Neue Anforderungen an Führungskräfte in der KI-Ära — 22
4.2 Technologie trifft Empathie – Eine neue Balance — 22
4.3 Veränderungsmanagement und Kommunikation — 23
4.4 Ethik und Verantwortung in der Führung — 24
4.5 Mitarbeiterentwicklung durch KI — 25
4.6 Fazit: Führung im Zeitalter der KI – Eine menschliche Revolution — 26

5 Wer bin ich? Was will ich? Warum will ich das? Selbstfindung in der Ära der KI — 29
5.1 Die Suche nach uns selbst in einer sich wandelnden Welt — 29
5.2 Warum funktioniert das aktuelle System nicht mehr? — 30
5.3 Die Kraft der inneren Klarheit — 31
5.4 Selbstfindung in Zeiten von KI: Warum es jetzt so wichtig ist — 31
5.5 Reflexion als Schlüssel: Wer bin ich und warum will ich das? — 32

5.6	Die neuen Chancen: Leben mit Intention	33
5.7	Die Revolution beginnt in uns	34

6 Geschäfts- und Gesellschaftssinn im digitalen Zeitalter — 37

6.1	Der gesellschaftliche Wert von Unternehmen im Wandel	38
6.2	Kommunikation und Bildung im digitalen Zeitalter	39
6.3	Der gesellschaftliche Auftrag von Unternehmen	40
6.4	Die Zukunft der Führung im digitalen Zeitalter	41
6.5	Unternehmenswerte und der Weg zur erfolgreichen, nachhaltigen Führung	42

7 Glück und Digitalisierung — 45

7.1	Das Streben nach Glück in der digitalen Welt	45
7.2	Beziehungen in der digitalen Arbeitswelt	47
Literatur		51

8 Das System „Beziehungsdesign" – Wie du in der digitalen Welt stärkere Beziehungen aufbaust — 53

8.1	Der Unternehmer – Leidenschaft als Kraftquelle	54
8.2	Das Team – Liebe als Antrieb	55
8.3	Die Öffentlichkeit – Liebe und Begeisterung haben eine hohe Anziehungskraft	56
Literatur		59

9 Veränderungskompetenz im Unternehmen – Der Schlüssel zur Zukunft — 61
- 9.1 Veränderung als Chance – Der Umgang mit Wandel — 61
- 9.2 Veränderungskompetenz als strategische Fähigkeit — 62
- 9.3 Der Mensch im Zentrum der Veränderung — 63
- 9.4 Veränderungsmanagement im Unternehmen – Wie du dein Team mitnimmst — 63
- 9.5 Die emotionale Seite der Veränderung – Mut statt Angst — 64
- 9.6 Innovation als Treiber der Veränderung – Der Mut zur Zukunft — 65
- 9.7 Fazit: Veränderungskompetenz ist der Schlüssel zur Zukunft — 66
- Literatur — 67

10 Rechtliche Rahmenbedingungen und ethische Richtlinien für den Einsatz von KI in Deutschland und Europa — 69
- 10.1 Die Datenschutz- Grundverordnung: Ein Grundpfeiler des Datenschutzes — 70
- 10.2 Der EU „AI Act": Strikte Regeln für KI in Europa — 70
- 10.3 Produkthaftung in Deutschland: Wer haftet, wenn KI versagt? — 71
- 10.4 Autonomes Fahren und das Straßenverkehrsgesetz — 72
- 10.5 Mitbestimmung und Arbeitnehmerrechte: KI im Arbeitsrecht — 73
- 10.6 Ethik und Verantwortung: Die Plattform „Lernende Systeme" — 73

10.7	Verantwortung der Führungskräfte: Ethische Entscheidungen treffen	74
10.8	Fazit: Recht und Ethik – Die Basis für verantwortungsvolle Innovation	75
Literatur		76

11 Technologische Grenzen der KI – Was KI (noch) nicht kann — 77

11.1	KI und Kreativität – Der Unterschied zwischen Algorithmen und menschlicher Schöpfung	78
11.2	Emotionale Intelligenz – Was KI nicht versteht	78
11.3	Ethik und moralische Entscheidungen – Hier muss der Mensch Verantwortung übernehmen	79
11.4	Soziale Interaktionen – Der menschliche Faktor bleibt entscheidend	80
11.5	Fazit: KI als Ergänzung, nicht als Ersatz	81

12 Kulturelle Unterschiede und globale Perspektiven auf KI – Eine Welt der Vielfalt — 83

12.1	Unterschiedliche Ansätze: Der Westen und China im Vergleich	83
12.2	Ethische Überlegungen und der Einfluss von Werten	84
12.3	Die Rolle von Regulierung und Gesetzen	85
12.4	Technologischer Fortschritt und Menschlichkeit – Ein Balanceakt	86
12.5	Fazit: Eine globale Herausforderung mit lokalen Antworten	87
Literatur		88

13 KI und Nachhaltigkeit – Wie KI den Planeten retten kann — 89

13.1 KI als Werkzeug für die Reduktion von Emissionen — 89
13.2 Präzisionslandwirtschaft – Mehr Ertrag bei weniger Ressourcenverbrauch — 90
13.3 Umweltüberwachung und Frühwarnsysteme — 91
13.4 Recycling und Kreislaufwirtschaft – KI für eine nachhaltige Produktion — 92
13.5 Die Grenzen von KI im Kampf gegen den Klimawandel — 93
13.6 Fazit: KI als Teil einer nachhaltigen Zukunft — 94
Literatur — 95

14 Zukunft der Bildung – KI als Treiber für individuelle Lernwege — 97

14.1 Warum das aktuelle Bildungssystem in Zeiten von KI versagt — 98
14.2 Das Bildungssystem ist nicht menschengerecht — 99
14.3 Die Chancen durch KI: Bildung neu denken — 100
14.4 KI als Lernassistent: Unterstützung statt Kontrolle — 100
14.5 Inklusion und Barrierefreiheit: Bildung für alle — 101
14.6 Die Rolle der Lehrkräfte: Von der Wissensvermittlung zur Begleitung — 102
14.7 Fazit: Eine neue Ära der Bildung — 102
Literatur — 104

15 Ethik der KI und gesellschaftliche Verantwortung: Innovieren oder manipulieren? 105
15.1 Das Gewissen der Maschinen: Warum uns das betrifft 106
15.2 Bias und Diskriminierung: Wenn die KI uns teilt statt uns vereint 106
15.3 Verantwortung der Führungskräfte: Der Mut zur Ethik 107
15.4 Was passiert, wenn wir nicht handeln: Ein Blick in die Zukunft 108
15.5 Der Ausweg: Ethische KI als Basis für Erfolg 109

16 KI-Strategien für Unternehmen: Verantwortungsbewusste Innovationen und praktische Anwendungen 111
16.1 Wie implementiere ich KI ethisch und verantwortungsvoll? 111
16.2 Verantwortungsvolle Datenanalyse und transparente Entscheidungsfindung 112
16.3 Integrierte KI-Lösungen für kleine und mittlere Unternehmen 113
16.4 KI und Mitarbeitereinbindung: Der Mensch im Zentrum der Innovation 114
16.5 Die richtige Balance zwischen Effizienz und Menschlichkeit 115

17 Praktische KI-Anwendungsfälle für Unternehmen: Wie du KI sinnvoll und einfach nutzt 117
17.1 Chatbots im Kundenservice: Rund um die Uhr für deine Kunden da 118

17.2	Automatisierte Terminplanung: Nie mehr Terminkollisionen	118
17.3	Produkt- oder Serviceempfehlungen: Dein persönlicher Verkaufsassistent	119
17.4	Automatisierte Rechnungsstellung und Buchhaltung: Nie wieder Zahlungen verpassen	120
17.5	KI-basierte Bestandsverwaltung: Immer die richtigen Produkte auf Lager	120

18 Gesamt-Fazit: Die Balance zwischen KI und Menschlichkeit — 123

Epilog: Die KI-Revolution und Menschlichkeit im digitalen Zeitalter — 125

Über den Autor

Jörg Ristau ist der PositionierungsRebell – ein Visionär, der zeigt, wie künstliche Intelligenz und Menschlichkeit, gemeinsam ihre größte Wirkung entfalten. Seine Mission: Menschen und Unternehmen ermutigen, ihre Einzigartigkeit zu erkennen und mutig zu leben. In einer Welt, die sich rasant verändert, braucht es mehr als Anpassung – es braucht eine starke Identität, innere Klarheit und den Mut, eigene Wege zu gehen.

Sein Weg war nie konventionell. Mit BWL-Studium, Arbeit als Jugend- und Sportanimateur in einem renommierten Ferienclub, Unternehmensberatung, Interimsmanagement und dem

Aufbau erfolgreicher Unternehmen verbindet er wirtschaftliches Denken mit tiefer psychologischer Einsicht. Als Gestalttherapeut (Gestalttherapie ist eine anerkannte Form der Psychotherapie) versteht er, was Menschen wirklich antreibt. Diese seltene Kombination macht ihn zu einem einzigartigen Impulsgeber. Seine Botschaft:

„Wer sich nicht bewusst selbst positioniert, wird von anderen positioniert."

In seinem Bestseller „Erfolg mit Sinn" deckt er die Heldenreise erfolgreicher Menschen auf und zeigt, wie jeder seinen eigenen, sinnerfüllten Weg gestalten kann. Mit „KI trifft Menschlichkeit" führt er diese Mission fort:

„Wie bleibt der Mensch in einer KI-geprägten Welt sichtbar, relevant und erfüllt?"

Während „Erfolg mit Sinn" hilft, den eigenen Kompass zu finden, liefert „KI und Menschlichkeit" die Werkzeuge, um sich in der digitalen Zukunft bewusst zu positionieren. Sein Appell:

„Nutze KI nicht, um dich anzupassen – nutze sie, um deine Einzigartigkeit als deine Superkraft zu nutzen."

1

Die digitale Revolution: Zeitalter der grenzenlosen Möglichkeiten

Die digitale Revolution – ein Begriff, den wir alle schon oft gehört haben. Aber was steckt wirklich dahinter? Was bedeutet es, wenn wir sagen, dass die Welt digitaler wird und warum betrifft uns das alle? Stell dir vor, du wachst eines Morgens auf und plötzlich ist alles anders: Deine Arbeit, dein Alltag, deine Beziehungen – alles verknüpft, vernetzt, von Algorithmen unterstützt und durch Künstliche Intelligenz (KI) angetrieben. Klingt nach Science Fiction? Ist es aber nicht.

Als Steve Jobs 2007 das erste iPhone präsentierte, ahnte kaum jemand, dass dieses kleine Gerät die Welt verändern würde. Es war nicht nur ein neues Telefon – es war der Schlüssel zu einer vernetzten Welt. Menschen konnten plötzlich in Sekundenschnelle Informationen austauschen, Geschäfte machen, Bilder teilen und sich vernetzen. Plötzlich war die digitale Revolution nicht mehr nur eine technologische Veränderung, sondern ein gesellschaftlicher Wandel, der uns alle erfasste. Was mit dem iPhone begann, ist heute zur Grundlage einer neuen Ära geworden – der Ära der Künstlichen Intelligenz.

Wir befinden uns mitten in der digitalen Revolution, die oft auch als das dritte industrielle Zeitalter bezeichnet wird. Es ist ein Zeitalter, in dem KI keine Zukunftsvision mehr ist, sondern Realität. Unsere Welt wird von Daten und Codes zusammengehalten, wie ein riesiges unsichtbares Netz, das uns alle verbindet. Das passiert schneller, als die meisten von uns es je für möglich gehalten hätten.

1.1 Das dritte industrielle Zeitalter

Erinnere dich kurz an die Zeit der Industriellen Revolution. Damals wurde mit Dampfmaschinen und Fließbändern die Welt auf den Kopf gestellt. Ganze Industriezweige wurden neu geboren, Jobs, die früher nur von Menschen erledigt wurden, wurden plötzlich von Maschinen übernommen. Was damals der Dampf war, ist heute die KI. Nur, dass diese Veränderung exponentiell schneller voranschreitet. Versetze dich in die Lage, dass du 30 Schritte in einer Linie läufst – am Ende stehst du 30 m weiter. Jetzt stelle dir vor, jeder Schritt verdoppelt sich – nach 30 Schritten hast du nicht 30 m, sondern eine Milliarde Meter zurückgelegt. So rasant ist das exponentielle Wachstum der digitalen Welt. Wir sind Teil einer Zeit, in der Computer mehr sind als bloße Rechenmaschinen. Sie lernen, denken und treffen Entscheidungen. Was mit einfachen Binärcodes begann, hat zu einer Welt geführt, in der Maschinen Muster erkennen, Sprache verstehen und sogar kreative Aufgaben übernehmen können. Die digitale Revolution ist nicht einfach nur ein technologisches Phänomen – sie verändert die Art und Weise, wie wir leben, arbeiten und uns selbst sehen.

1.2 Transformation der Bildung durch KI: Fokus auf Individualität

Bildung. Was ist das für dich? Früher war es der Lehrer, der vorne stand und dir sagte, was du zu wissen hast. Jeder bekam dieselbe Information, egal wie unterschiedlich wir waren. Das verändert sich jetzt grundlegend. Mit KI können wir den Lernprozess individualisieren. Jeder Schüler, jede Schülerin kann in seinem und ihrem eigenen Tempo lernen, mit speziellen Aufgaben, die genau auf ihre Stärken und Schwächen zugeschnitten sind.

Beispiel Du bist ein Schüler, der Schwierigkeiten in Mathe hat, aber in Sprachen aufblüht. Früher wäre das egal gewesen – du hättest denselben Unterricht bekommen wie alle anderen. Aber mit KI-basierter Lernsoftware kann das Programm erkennen, wo genau deine Schwächen liegen, und es passt die Aufgaben so an, dass sie dir wirklich helfen. Gleichzeitig bekommst du in den Fächern, in denen du stark bist, Herausforderungen, die dich weiterbringen. Das bedeutet nicht, dass Lehrer überflüssig werden. Im Gegenteil – sie werden durch diese Technologien unterstützt, sodass sie sich mehr auf das konzentrieren können, was am wichtigsten ist: den menschlichen Kontakt, die persönliche Unterstützung, die echte Verbindung zu den Schülern. KI nimmt den Lehrern nicht die Arbeit ab, sondern gibt ihnen mehr Raum für das, was wirklich zählt.

1.3 Grenzen und Möglichkeiten – die Rolle des Menschen im Arbeitsprozess wandelt sich

Hier kommt die große Frage: Was bleibt für uns Menschen, wenn Maschinen immer mehr Aufgaben übernehmen? Ein Chatbot, der 24 h am Tag arbeitet, der nie müde wird, nie eine Pause braucht – wie soll man da als Mensch noch konkurrieren? Die Antwort ist einfach: Wir konkurrieren nicht. Maschinen können uns nicht ersetzen, weil sie etwas nie haben werden – Menschlichkeit.

ChatGPT zum Beispiel kann viele Dinge. Er kann Texte schreiben, Fragen beantworten, dir bei der Arbeit helfen. Aber er hat keinen eigenen Willen, kein Gefühl, keine Intuition. Er versteht die Welt durch Daten, aber er fühlt sie nicht. Er wird nie das Lächeln eines Kunden wirklich verstehen oder die emotionale Tiefe einer zwischenmenschlichen Beziehung nachempfinden können. Das ist unser Vorteil – und genau das müssen wir nutzen.

Angenommen, du gehst in ein Restaurant und wirst von einem Roboter bedient. Der Roboter kennt deine Lieblingsgerichte, weiß genau, was du möchtest, und bringt dir dein Essen perfekt zubereitet. Aber fehlt da nicht etwas? Diese kleine Unterhaltung, das Lächeln, das Gefühl, dass sich jemand wirklich um dich kümmert? Auch wenn die Roboter immer besser werden, weil sie menschliche Emotionen simulieren können, wird es niemals dasselbe sein. Echte Emotionen, echte Empathie, das kann nur der Mensch geben. In einer Welt, in der Maschinen immer intelligenter werden, wird unsere größte Stärke das sein, was Maschinen nie können: menschlich sein.

> **Praxis: Die digitale Revolution – Zeitalter der grenzenlosen Möglichkeiten**
>
> **Takeaway:**
> Die digitale Revolution ist nicht mehr Zukunftsmusik – sie ist unsere Realität. KI und Digitalisierung bieten enorme Chancen, aber es liegt an uns, sie bewusst zu nutzen, um eine menschlichere und effizientere Zukunft zu gestalten.

Reflexionsfragen:

- Wie hat die Digitalisierung dein persönliches und berufliches Leben verändert?
- In welchen Bereichen siehst du die größten Chancen durch KI?
- Wo siehst du die größten Risiken für dein Unternehmen in Bezug auf KI?

To-do-Liste:

1. Analysiere, welche digitalen Tools du bereits in deinem Unternehmen nutzt.
2. Identifiziere mindestens drei Bereiche, in denen KI dein Geschäft oder deinen Alltag verbessern könnte.
3. Informiere dich über die neuesten Entwicklungen in der KI, die für deine Branche relevant sind.

2

Unternehmen im Wandel der Zeit

„In der Technologie liegt die Kraft, die Welt zu verändern, doch im Herzen liegt die Kraft, die Welt zu verbessern." (unbekannt)

Unsere Arbeitswelt hat sich in den letzten Jahrzehnten dramatisch verändert. Doch so, wie sich der Staub der Industrialisierung gelegt hat, formt die digitale Revolution das nächste Kapitel der Menschheitsgeschichte. Es ist ein Wandel, der alle Bereiche unserer Gesellschaft betrifft – und keiner bleibt verschont.

Stell dir vor, du betrittst eine riesige Fabrikhalle im Jahr 1890. Die Luft ist stickig, überall Dampf und das laute Geräusch von Maschinen. Menschen stehen in langen Reihen, und jeder führt eine einfache, sich ständig wiederholende Aufgabe aus. Sie arbeiten wie Zahnräder in einer riesigen Maschine, die nicht stillsteht. Das war die Industriearbeit der Vergangenheit.

Heute ist das Bild ein anderes. Du betrittst eine moderne Fabrik und wirst von stillen, automatisierten Roboterarmen empfangen, die präzise und effizient arbeiten. Menschen gibt es kaum noch in diesen Hallen – die meisten sitzen in Büros und kontrollieren die Maschinen aus der Ferne. Was einst menschliche Muskelkraft forderte, wird nun von Algorithmen und Maschinen erledigt. Doch diese Transformation ist nicht nur technisch, sie ist auch emotional. Denn während Maschinen immer mehr Aufgaben übernehmen, fragen sich viele: Was bleibt für uns?

2.1 Revolutionen in der Arbeitswelt: Wo kommen wir her? Wohin geht die Reise?

Die Geschichte der Arbeit ist eine Geschichte der Revolutionen. Die erste industrielle Revolution brachte Dampfmaschinen und mechanisierte Produktion. Die zweite Revolution schuf das Fließband und elektrifizierte Fabriken. Doch was bedeutet die dritte Revolution, die digitale?

Es ist nicht mehr 1890, sondern 1980. Du arbeitest in einem Büro. Überall sind Schreibmaschinen zu hören, dicke Aktenstapel türmen sich auf Schreibtischen, und wenn du jemanden erreichen willst, musst du den Hörer eines relativ schweren kabelgebundenen Telefons abheben. Der Computer, so wie wir ihn heute kennen, ist noch nicht in deinem Büro angekommen. Der Computer ist zu dieser Zeit noch eine reine Arbeitsstation, an der du Eingaben oder Abfragen machen kannst. Verarbeitet werden die Daten in einem riesigen Zentralrechner, der noch ganze Räume gefüllt hat.

Jetzt machen wir einen Zeitsprung ins Jahr 2024. Dein Arbeitsplatz ist ein Laptop, vielleicht ein Tablet oder sogar nur ein Smartphone. Daten fließen durch unsichtbare Leitungen, und Informationen sind nur einen Klick entfernt.

E-Mails ersetzen Briefe, Videokonferenzen machen Reisen überflüssig. Die Geschwindigkeit, mit der wir arbeiten, hat sich vervielfacht. Aber hier kommt der große Haken: Sind wir wirklich produktiver geworden?

Mit jeder technologischen Revolution kam und kommt immer wieder die Sorge, dass Maschinen uns ersetzen. Doch was, wenn die wahre Revolution darin liegt, dass sie uns ergänzen? Vielleicht liegt die Zukunft der Arbeit nicht darin, dass wir mehr tun, sondern dass wir klüger arbeiten – unterstützt von Technologien, die uns die schweren, repetitiven Aufgaben abnehmen und uns den Raum für das lassen, was uns wirklich wichtig ist, etwas, das uns am Herzen liegt: Kreativität, Problemlösung und Beziehungen.

2.2 Mensch und Maschine – eine Beziehungsgeschichte

Mensch und Maschine – das klingt wie eine Geschichte voller Spannung, Rivalität und Missverständnissen. Aber es ist auch eine Geschichte voller Potenzial. Die Beziehung zwischen Mensch und Maschine verändert sich, weil die Maschinen intelligenter werden. Doch während Maschinen rational und logisch sind, bleiben wir Menschen das Gegenteil: emotional, intuitiv, unvollkommen.

Beispiel Du arbeitest in den 1950er-Jahren in einer Autowerkstatt. Du schraubst, hämmerst, schleifst. Jedes Auto, das du baust, trägt deinen Fingerabdruck. Du bist ein Handwerker. Doch dann kommt das Fließband und automatisiert deine Arbeit. Plötzlich bist du kein Handwerker mehr, sondern ein Maschinenbediener.

Heute, mit der Integration von KI, bist du mehr als nur ein Bediener. Du wirst zum Designer, der die Maschinen mit seinen Ideen, seiner Kreativität programmiert, anleitet und dann ihre Prozesse überwacht. Die Maschinen führen die Arbeit aus, aber sie brauchen deine Anweisungen. Es ist eine symbiotische Beziehung – und sie funktioniert nur, wenn wir verstehen, dass Maschinen Werkzeuge sind, die uns ergänzen, nicht ersetzen.

2.3 Digitale Zukunft und Menschlichkeit

Die Digitalisierung hat das Potenzial, unsere Zukunft tiefgreifend zu verändern. Aber hier ist der Punkt: Was bleibt von der Menschlichkeit? In einer Welt, die zunehmend von Algorithmen gesteuert wird, in der Entscheidungen auf Daten basieren und Maschinen unermüdlich arbeiten, stellt sich die Frage: Wo bleibt der Mensch in all dem?

Mal dir aus, du rufst in der Zukunft bei einem Unternehmen an. Am anderen Ende der Leitung meldet sich kein Mensch, sondern eine KI. Die Stimme ist perfekt, freundlich, kompetent. Aber es fehlt etwas – die Wärme, das Unvorhersehbare, die kleinen menschlichen Fehler, die uns das Gefühl geben, wirklich gehört zu werden. Maschinen werden nie die Lücke füllen können, die die Menschlichkeit hinterlässt. Sie können uns unterstützen, uns Arbeit abnehmen, uns vielleicht sogar helfen, klüger zu entscheiden – aber sie werden uns nie vollständig ersetzen. Die Herausforderung für Unternehmen besteht darin, diesen menschlichen Faktor nicht zu verlieren. Die Zukunft gehört den Unternehmen, die es schaffen, Technologie und Menschlichkeit zu vereinen. Denn am Ende des Tages wollen wir nicht nur Produkte kaufen – wir wollen uns verstanden und wertgeschätzt fühlen.

2.4 Wie beeinflusst die Entwicklung der KI dein Geschäftsmodell?

Die große Frage für jedes Unternehmen lautet: Wie beeinflusst KI mein Geschäftsmodell? Gedankenspiel: Du bist Geschäftsführer eines mittelständischen Unternehmens. Deine Konkurrenz nutzt bereits KI, um ihre Prozesse zu automatisieren und ihre Kunden besser zu verstehen. Du stehst vor einer Entscheidung: Investierst du in die Technologie oder bleibst du bei bewährten Methoden? Die Antwort ist einfach: Du musst investieren. Denn die Spielregeln haben sich geändert. Diejenigen, die den Wandel annehmen und KI als Partner sehen, werden die Gewinner von morgen sein. Es geht nicht nur darum, Kosten zu senken oder schneller zu arbeiten – es geht darum, neue Geschäftsfelder zu erschließen, bessere Entscheidungen zu treffen und engere Beziehungen zu deinen Kunden aufzubauen.

2.5 Wie sehr liegt dein strategischer Fokus auf dem Nutzen für deine Kunden?

Ein oft übersehener Aspekt der Digitalisierung ist der Kundennutzen. Es ist leicht, sich in der Technologie zu verlieren, aber am Ende zählt nur eines: Wie profitieren deine Kunden von deinem Unternehmen?

Beispiel Was macht Apple so erfolgreich? Es sind nicht nur die Produkte, sondern der emotionale Mehrwert, den die Marke vermittelt. Apple schafft es, dass sich die Kunden mit ihren Produkten verbunden fühlen, dass sie sich wertgeschätzt und verstanden fühlen. Die Herausforderung für jedes Unternehmen im digitalen Zeitalter lautet daher: Wie kannst du deinen Kunden nicht nur einen funktionalen, sondern auch einen emotionalen Mehrwert bieten?

2.6 Inwieweit bindest du deine Mitarbeiter in die aktuellen Veränderungen ein?

Die digitale Revolution und die Einführung von KI betreffen nicht nur deine Kunden – sie betreffen auch deine Mitarbeiter. Eine der größten Herausforderungen für Unternehmen ist es, ihre Mitarbeiter in diesen Wandel einzubinden. Denn während die Technologie voranschreitet, sind es die Menschen, die sie umsetzen und mit Leben füllen müssen. Stell dir vor, du arbeitest in einem Unternehmen, das plötzlich auf KI setzt, ohne dich zu integrieren. Du hast das Gefühl, nicht mehr gebraucht zu werden, weil Maschinen jetzt einen Großteil deiner Arbeit übernehmen. Wie fühlst du dich dabei? Vermutlich ausgegrenzt und unsicher. Die Lösung ist, deine Mitarbeiter aktiv in den Veränderungsprozess einzubinden. So, dass sie verstehen können, dass KI sie nicht ersetzt, sondern ihnen hilft, ihre Arbeit besser und effizienter zu erledigen. Erzähle ihnen von deinen Beweggründen, deinem ‚Warum', welche Vorteile eure Kunden haben und welche Vorteile die Mitarbeiter davon haben. Gib ihnen dann die Werkzeuge und das Wissen, um mit der neuen Technologie umzugehen, und du wirst ein starkes, motiviertes Team haben, das bereit ist, die Zukunft gemeinsam zu gestalten.

2 Unternehmen im Wandel der Zeit

Praxis: Unternehmen im Wandel der Zeit

Takeaway:
Die Unternehmen, die den technologischen Wandel annehmen und gleichzeitig ihre Menschlichkeit bewahren, werden die Gewinner der Zukunft sein. Die Balance zwischen Effizienz und emotionaler Intelligenz ist der Schlüssel zum Erfolg.

3

Demografischer und Wertewandel in der Gesellschaft

„Es ist nicht genug zu wissen, man muss auch anwenden; es ist nicht genug, zu wollen, man muss auch tun." (Johann Wolfgang von Goethe)

Die Gesellschaft gleicht einem mächtigen Fluss, der lange Zeit ruhig dahinströmte, aber jetzt beginnt, turbulente Strömungen zu entwickeln. Diese Strömungen sind das Ergebnis eines tiefgreifenden Wandels – der demografische Wandel und ein grundlegender Wertewandel. Es ist, als ob die Säulen, die unsere Gesellschaft und Arbeitswelt stützen, langsam ihre Form verändern, während neue Pfeiler aufsteigen und sich eine neue Weltordnung abzeichnet. Wir stehen vor einer Zeit, in der unsere Bevölkerung altert, die Geburtenraten sinken und unsere Wertvorstellungen auf den Kopf gestellt werden. Aber was bedeutet das konkret für Unternehmen, Führungskräfte und unser Zusammenleben? Es bedeutet, dass nichts mehr so sein wird, wie es einmal war.

3.1 Der demografische Wandel: Ursachen, Auswirkungen und Herausforderungen

Werfen wir einen Blick auf den demografischen Wandel. Vor nicht allzu langer Zeit, in den Jahren nach dem Zweiten Weltkrieg, erlebten viele Länder eine Zeit des Babybooms. Familien waren größer, das Leben schien auf Wachstum ausgelegt, und die Gesellschaft schien sich in einem stetigen Aufwärtsstrom zu befinden. Doch heute? Heute stehen wir vor einem völlig anderen Bild. Die Geburtenraten sind gesunken, die Menschen werden älter, und das Verhältnis zwischen jungen und alten Menschen verschiebt sich drastisch.

Beispiel Du stellst dir ein Unternehmen vor, das vor 40 Jahren gegründet wurde. Die Gründer, damals in ihren 30ern, hatten das Unternehmen aufgebaut, durch harte Arbeit und die Entschlossenheit, etwas von Bedeutung zu schaffen. Heute sind diese Gründer in Rente, oder kurz davor, und die Führung des Unternehmens liegt in den Händen der zweiten Generation. Doch was passiert nun? Es gibt einfach nicht genug junge Menschen, die bereit sind, in das Unternehmen einzutreten und die gleiche Energie mitzubringen. Der Nachwuchs ist knapp, die Zahl der Bewerbungen geht zurück, und du stehst vor der Frage: Wie können wir dieses Unternehmen in die Zukunft führen, wenn uns die Menschen fehlen?

Dieses Beispiel zeigt eine der großen Herausforderungen des demografischen Wandels: Der Mangel an jungen Arbeitskräften. Doch der demografische Wandel bringt nicht nur Probleme. Er bietet auch Chancen, denn er zwingt Unternehmen dazu, neue Wege zu gehen und kreative Lösungen zu finden. Wo es weniger junge Menschen gibt, muss die bestehende Belegschaft effizienter arbeiten. Gleichzeitig können ältere, erfahrenere Mitarbeiter länger im Unternehmen gehalten werden, indem ihre wertvollen Fähigkeiten besser genutzt und weiterentwickelt werden. Der demografische Wandel bedeutet also nicht nur, dass wir älter werden – es bedeutet auch, dass wir neue Arbeitsmodelle, neue Führungskonzepte und neue Strukturen entwickeln müssen, um erfolgreich zu bleiben.

3.2 Der Wertewandel: Was Mitarbeiter heute wirklich wollen

Neben dem demografischen Wandel erleben wir einen nicht weniger drastischen Wertewandel. Die Menschen von heute – und insbesondere die jungen Generationen – haben andere Prioritäten als ihre Eltern und Großeltern. Früher ging es vor allem darum, Sicherheit zu haben: Ein sicherer Job, ein gutes Einkommen, ein stabiles Leben. Doch heute? Heute suchen die Menschen nach etwas anderem. Sie wollen mehr als nur einen Job. Sie wollen Sinn, sie wollen Flexibilität, und sie wollen persönliches Wachstum.

Beispiel Du bist eine Führungskraft in den 1980er-Jahren. Deine Aufgabe war klar: Du hast deinen Mitarbeitern Anweisungen gegeben, und sie haben diese befolgt. Die Rollen waren festgelegt, und das Ziel war es, die Arbeit pünktlich und effizient zu erledigen. Und heute? Diese Form der Führung ist überholt. Die neuen Generationen – vor allem die Generation Z – fordern mehr. Sie wollen nicht nur Anweisungen befolgen. Sie wollen mitgestalten, sie wollen kreativ sein, und sie wollen ihre eigenen Ideen einbringen.

Gehen wir eine Dekade weiter und schauen uns Thomas an: In den 90er-Jahren war Thomas einer der besten Verkäufer in seinem Unternehmen. Er kannte seine Kunden, fuhr von Termin zu Termin und lebte für das persönliche Gespräch. Doch dann kam der digitale Wandel. Plötzlich mussten alle Mitarbeiter ihre Verkaufsstrategien in einer Cloud-Datenbank dokumentieren, und statt persönlicher Meetings gab es Zoom-Konferenzen. Für Thomas war das der Beginn einer neuen, fremden Welt. Er fühlte sich überfordert und entfremdet. Sein Unternehmen bot ihm keine Unterstützung – es verlangte einfach, dass er sich anpasste. Und genau das tat er nicht. Er verließ das Unternehmen und suchte sich eine Stelle, die ihm mehr Sinn bot. Dieser Wertewandel stellt Führungskräfte vor große Herausforderungen. Du kannst nicht mehr erwarten, dass deine Mitarbeiter einfach tun, was ihnen gesagt wird. Sie wollen sich beteiligt fühlen, sie wollen das Gefühl haben, dass ihre Arbeit bedeutungsvoll ist. Und das bedeutet, dass du als Führungskraft eine völlig neue Rolle einnehmen musst. Du bist nicht mehr nur derjenige, der die Richtung vorgibt. Du bist Mentor, Coach und Inspirator. Du musst Raum für Kreativität schaffen, du musst Vertrauen aufbauen, und du musst deinen Mitarbeitern die Möglichkeit geben, zu wachsen – sowohl beruflich als auch persönlich.

Beispiel Denken wir an die Generation Z, die heute in die Arbeitswelt eintritt. Sie sind mit dem Internet aufgewachsen, sie sind vernetzt, sie sind es gewohnt, sofort Antworten zu bekommen und selbstständig zu handeln. Für sie zählt nicht nur das Gehalt. Sie legen großen Wert auf eine gute Work-Life-Balance, auf Selbstverwirklichung und auf eine Arbeit, die ihnen das Gefühl gibt, etwas zur Welt beizutragen. Wenn du als Führungskraft diesen Wandel nicht verstehst, wirst du es schwer haben, dein Team zu motivieren. Denn in einer Welt, in der Künstliche Intelligenz und Automatisierung viele Aufgaben übernehmen, werden die menschlichen Fähigkeiten – wie Empathie, Kreativität und emotionale Intelligenz – immer wichtiger.

3.3 Erwartungen an Unternehmen im Zeitalter der KI

Aber es sind nicht nur die Führungskräfte, die sich anpassen müssen. Auch die Unternehmen selbst stehen vor einem radikalen Wandel. Früher war der Erfolg eines Unternehmens stark davon abhängig, wie effizient es arbeitete und wie gut seine Produkte waren. Doch heute reicht das nicht mehr aus. Die Menschen – sowohl die Mitarbeiter als auch die Kunden – erwarten mehr. Sie wollen, dass Unternehmen nicht nur Gewinne erwirtschaften, sondern auch einen positiven Beitrag zur Gesellschaft leisten.

Beispiel Ein Unternehmen, das in den 1980er-Jahren erfolgreich war, konnte dies erreichen, indem es Produkte herstellte und diese zu einem guten Preis verkaufte. Doch heute? Die Kunden fragen: Was tut dieses Unternehmen für die Umwelt? Wie nachhaltig ist es? Wie behandelt es seine Mitarbeiter? Unternehmen müssen heute Verantwortung übernehmen – nicht nur für ihre Produkte, sondern auch für ihre Rolle in der Gesellschaft. Künstliche Intelligenz spielt dabei eine Schlüsselrolle. Sie wird Unternehmen dabei helfen, effizienter zu arbeiten, Daten besser zu nutzen und innovative Lösungen zu finden. Aber – und das ist entscheidend – KI allein wird den Unterschied nicht machen. Es sind die Werte, die den Erfolg eines Unternehmens in der Zukunft bestimmen werden. Unternehmen müssen lernen, dass der Erfolg nicht mehr nur an Umsatz und Gewinn gemessen wird, sondern an ihrem Beitrag zur Gesellschaft. Sie müssen ethisch handeln, sie müssen transparent sein, und sie müssen sich darauf konzentrieren, nicht nur Produkte zu verkaufen, sondern Verbindungen zu schaffen – mit ihren Mitarbeitern, mit ihren Kunden und mit der Welt, in der sie tätig sind.

Beispiel Tesla produziert nicht nur Autos – das ist nur die Oberfläche. Tesla verkauft eine Vision, eine Zukunft, die sich radikal von dem unterscheidet, was wir heute kennen. Die Menschen kaufen nicht einfach ein Fortbewegungsmittel, sie kaufen das Gefühl, Teil von etwas Großem zu sein. Sie wollen die Welt verändern, sie wollen an der Spitze einer Bewegung stehen, die Technologie nutzt, um die Gesellschaft zu transformieren. Es ist mehr als ein Kauf – es ist ein Statement. Tesla verkörpert genau das, worauf es in der neuen Ära der Künstlichen Intelligenz ankommt: Mut, Verantwortung und die Fähigkeit, Technologie als Werkzeug zu nutzen, um eine menschlichere und nachhaltigere Welt zu gestalten. Es ist nicht die Technologie selbst, die den Unterschied macht, sondern die Vision dahinter – die Menschen, die an diese Vision glauben und sie durch ihren Beitrag zum Leben erwecken.

> **Praxis: Demografischer und Wertewandel in der Gesellschaft**
>
> **Takeaway:**
> Der demografische Wandel und die veränderten Werte fordern Unternehmen heraus, neue Wege in der Führung und im Umgang mit Mitarbeitern zu gehen. Der Fokus auf Menschlichkeit und Flexibilität wird zur zentralen Anforderung im Zeitalter der KI.

4

Führung in Zeiten von KI – Menschlichkeit, Ethik und Verantwortung

Die Welt der Führung steht im Zeitalter der Künstlichen Intelligenz (KI) vor einer neuen Herausforderung. Führungskräfte, die sich bisher auf Kontrolle und Effizienz verlassen haben, müssen lernen, wie sie technologische Entwicklungen mit menschlichen Werten wie Empathie, Kreativität und Ethik verbinden. Die Frage ist nicht mehr, ob KI die Arbeitswelt verändert, sondern wie Führungskräfte diese Veränderung so gestalten, dass sie den Menschen dient.

Beispiel Als Sarah das Unternehmen übernahm, war die Unsicherheit groß. Die Mitarbeiter hatten Angst, dass die geplanten KI-Systeme ihre Jobs ersetzen würden. Doch Sarah handelte anders. Sie stellte sicher, dass jeder Mitarbeiter ein Training in den neuen Technologien erhielt, sie führte regelmäßige Feedback-Runden ein und nahm die Bedenken ernst. Schon nach einem Jahr hatte das Unternehmen nicht nur die Produktivität gesteigert, sondern auch eine neue Kultur der Offenheit geschaffen. Sarah bewies, dass Technologie und Menschlichkeit Hand in Hand gehen können.

4.1 Neue Anforderungen an Führungskräfte in der KI-Ära

KI verändert die Arbeitswelt tiefgreifend, und damit verschieben sich auch die Anforderungen an Führungskräfte. Früher ging es darum, Prozesse zu überwachen und Aufgaben zu delegieren. Heute müssen Führungskräfte Menschen durch komplexe technologische Veränderungen begleiten. KI kann Berechnungen durchführen, Daten analysieren und Entscheidungen optimieren, doch es ist die Aufgabe des Menschen, diese Entwicklungen sinnvoll in den Arbeitsalltag zu integrieren und dabei die menschlichen Bedürfnisse nicht aus den Augen zu verlieren.

Beispiel Du leitest ein Kundendienstteam. Früher haben deine Mitarbeiter Anfragen manuell bearbeitet, jetzt übernimmt eine KI diese Aufgaben. Du als Führungskraft bist nun gefordert, deine Mitarbeiter zu schulen, damit sie die Technologie verstehen und sinnvoll nutzen können. Du musst ihnen zeigen, dass ihre Rolle nicht überflüssig wird, sondern sich weiterentwickelt. KI nimmt ihnen Routineaufgaben ab, sodass sie sich stärker auf die menschliche Komponente des Kundenservice konzentrieren können, wie etwa das Lösen komplexerer Anliegen oder den Aufbau langfristiger Kundenbeziehungen.

4.2 Technologie trifft Empathie – Eine neue Balance

Die wichtigste Rolle einer Führungskraft im Zeitalter der KI besteht darin, die richtige Balance zwischen Technologie und Menschlichkeit zu finden. Maschinen können Daten analysieren, sie sind präzise und effizient, doch sie haben keine Emotionen. Empathie bleibt der Kern erfolgreicher Führung. In Zeiten von KI geht es mehr denn je darum, wie Führungskräfte die emotionale Intelligenz ihrer Teams fördern und die Technologie als Werkzeug sehen, das Menschen stärkt, statt sie zu verdrängen.

Beispiel Du führst ein Team von Ingenieuren. Ihr nutzt eine KI, um technische Probleme schneller zu analysieren und zu lösen. Doch es bleibt deine Aufgabe als Führungskraft, deinem Team zu vermitteln, dass ihre Kreativität und ihre zwischenmenschlichen Fähigkeiten unverzichtbar bleiben. Ein Ingenieur könnte zum Beispiel mit einem Kunden zusammenarbeiten, der ein besonders komplexes Problem hat. Die KI gibt technische Empfehlungen, aber es ist der Ingenieur, der durch Empathie und Fachwissen den Kunden beruhigen und Vertrauen aufbauen kann. Führungskräfte, die es schaffen, Technologie und Menschlichkeit miteinander zu verbinden, sorgen nicht nur für Effizienz, sondern auch für Motivation und Loyalität in ihren Teams.

4.3 Veränderungsmanagement und Kommunikation

Technologische Umbrüche erzeugen oft Unsicherheit. Die Einführung von KI in Unternehmen kann bei den Mitarbeitern Ängste wecken – sei es die Angst vor Arbeitsplatzverlust oder die Unsicherheit darüber, welche Rolle sie künftig spielen. Hier kommen Führungskräfte ins Spiel. Sie müssen als Kommunikationsbrücke fungieren und sicherstellen, dass ihre Mitarbeiter den Wandel verstehen und annehmen. Ein gelungenes Veränderungsmanagement beginnt mit einer transparenten Kommunikation. Führungskräfte müssen den Mitarbeitern erklären, warum der Einsatz von KI wichtig ist und welche Vorteile sie bietet – sowohl für das Unternehmen als auch für die Mitarbeiter selbst. Sie müssen klar machen, dass die KI kein Ersatz für menschliche Arbeitskraft ist, sondern ein Werkzeug, das den Menschen hilft, produktiver und kreativer zu arbeiten.

Beispiel Ein Unternehmen implementiert KI-gestützte Software, die den Personalbedarf auf Grundlage der täglichen Aufgaben automatisch anpasst. Anfangs fühlen sich viele Mitarbeiter unsicher, weil sie nicht verstehen, wie die KI funktioniert. Eine kluge Führungskraft wird proaktiv eingreifen und Workshops anbieten, in denen die Funktionsweise der Software erläutert und die Vorteile für die Mitarbeiter herausgestellt werden. Sie zeigt den Mitarbeitern, dass die KI ihnen hilft, Überstunden zu vermeiden und flexibler auf Arbeitslasten zu reagieren, wodurch ihr Arbeitsalltag erleichtert wird.

4.4 Ethik und Verantwortung in der Führung

Mit der Einführung von KI wächst auch die Verantwortung der Führungskräfte. Die technologischen Möglichkeiten sind nahezu unbegrenzt, doch die ethischen Herausforderungen, die damit einhergehen, sind erheblich. Führungskräfte müssen sicherstellen, dass KI verantwortungsvoll eingesetzt wird. Es reicht nicht aus, nur auf Effizienz und Gewinne zu achten – es geht auch darum, welche gesellschaftlichen und ethischen Implikationen der Einsatz von KI hat. Ein zentrales Thema ist die Frage der Datenethik. KI-Systeme basieren auf enormen Datenmengen. Doch wie werden diese Daten gesammelt? Werden die Privatsphäre und die Rechte der Mitarbeiter und Kunden respektiert? Führungskräfte müssen sich dieser Fragen annehmen und klare Richtlinien aufstellen, wie Daten verwendet und geschützt werden. Transparenz ist hier der Schlüssel.

Beispiel In einem Unternehmen wird eine KI eingesetzt, die Personalentscheidungen automatisiert, indem sie Bewerberdaten analysiert und Empfehlungen für Einstellungen gibt. Eine verantwortungsvolle Führungskraft wird sicherstellen, dass diese Entscheidungen auf fairen und ethischen Kriterien basieren, dass Diskriminierungen ausgeschlossen sind und dass die betroffenen Bewerber stets die Möglichkeit haben, sich gegen eine Entscheidung zu wehren oder sie anzufechten. Zudem muss die Führungskraft sicherstellen, dass alle Mitarbeiter verstehen, wie diese Technologie funktioniert und welche Rolle sie in den Entscheidungen spielt.

4.5 Mitarbeiterentwicklung durch KI

Eine der größten Chancen, die KI bietet, ist die Förderung individueller Talente und Stärken der Mitarbeiter. Führungskräfte können KI nutzen, um personalisierte Lernprogramme zu entwickeln, die den Bedürfnissen und Potenzialen jedes Mitarbeiters entsprechen. Anstatt allgemeine Trainingsprogramme anzubieten, die für alle gelten, können Führungskräfte KI-gestützte Programme nutzen, um spezifische Fähigkeiten gezielt zu fördern. Die Rolle der Führungskraft verschiebt sich dadurch von einer rein operativen Position hin zur Rolle eines Coaches. Die KI übernimmt die Analyse von Daten und gibt Feedback in Echtzeit. Doch es ist die Führungskraft, die diese Informationen interpretiert und ihren Mitarbeitern hilft, die richtigen Schlüsse daraus zu ziehen. Die Führungskraft sorgt dafür, dass Mitarbeiter ihre persönlichen Stärken weiterentwickeln und gezielt an den Bereichen arbeiten, die sie noch verbessern können.

Beispiel Überleg dir, wie es wäre, wenn ein Softwareunternehmen eine KI nutzt, um die Programmierfähigkeiten seiner Mitarbeiter zu bewerten. Die KI analysiert den Code, den die Mitarbeiter schreiben, und gibt individuelles Feedback, das auf den spezifischen Lernbedarf des jeweiligen Mitarbeiters abgestimmt ist. Die Führungskraft nutzt diese Informationen, um maßgeschneiderte Weiterbildungsprogramme zu erstellen und die Mitarbeiter dort zu fördern, wo sie es am dringendsten brauchen.

4.6 Fazit: Führung im Zeitalter der KI – Eine menschliche Revolution

Führung in Zeiten von KI erfordert eine radikale Neuausrichtung. Es geht nicht mehr darum, Prozesse zu überwachen und Aufgaben zu delegieren. Führungskräfte müssen heute empathisch, ethisch und visionär handeln. Sie müssen nicht nur den technologischen Wandel verstehen, sondern vor allem in der Lage sein, ihre Teams durch diese Veränderungen zu führen – und zwar so, dass der Mensch im Mittelpunkt bleibt. Die Kombination aus technologischem Fortschritt und menschlicher Intelligenz bietet ungeahnte Möglichkeiten. Führungskräfte haben die Chance, eine Zukunft zu gestalten, die nicht nur effizienter, sondern auch menschlicher ist. Denn am Ende des Tages ist es nicht die Technologie, die den Erfolg eines Unternehmens bestimmt – es sind die Menschen, die sie verantwortungsvoll und kreativ einsetzen.

4 Führung in Zeiten von KI – Menschlichkeit, …

Praxis: Führung in Zeiten von KI

Takeaway:
Die Zukunft der Führung liegt darin, Technologie und Menschlichkeit miteinander zu vereinen. Führungskräfte müssen ethische Verantwortung übernehmen und gleichzeitig die emotionale Intelligenz ihrer Teams fördern, um nachhaltigen Erfolg zu gewährleisten.

Reflexionsfragen:

- Welche Führungsqualitäten sind im digitalen Zeitalter für dich besonders wichtig?
- Inwiefern förderst du Empathie und Ethik in deiner Rolle als Führungskraft?
- Wie integrierst du technologische Entwicklungen in deinen Führungsstil, ohne den menschlichen Faktor zu verlieren?

To-do-Liste:

1. Erstelle einen Plan, wie du deine Mitarbeiter in den Veränderungsprozess einbindest und ihre Ängste abbaust.
2. Entwickle eine Strategie, um regelmäßig Feedback von deinem Team einzuholen und umzusetzen.
3. Suche nach Weiterbildungsangeboten, die deine Führungskompetenzen in Zeiten der KI erweitern.

5

Wer bin ich? Was will ich? Warum will ich das? Selbstfindung in der Ära der KI

„Die wichtigste Entdeckung in unserem Leben ist nicht die Technologie – es ist die Erkenntnis, wer wir wirklich sind." (Jörg Ristau)

5.1 Die Suche nach uns selbst in einer sich wandelnden Welt

Inmitten der tiefgreifenden technologischen Transformationen unserer Zeit, in denen Künstliche Intelligenz (KI), Algorithmen und Daten den Takt vorgeben, stehen wir als Menschen vor einer neuen Herausforderung: der Frage nach unserer eigenen Identität. Was macht uns aus, wenn Maschinen immer mehr von dem übernehmen, was früher als genuin menschliche Fähigkeiten galt? Was treibt uns an, in einer Welt, die von Effizienz und Automatisierung getrieben wird? Doch noch entscheidender: Wer sind wir wirklich, wenn all die äußeren Einflüsse verstummen? In einer Ära, in der Künstliche Intelligenz für uns Entscheidungen trifft, in der sie erkennt, was wir kaufen wollen, wie wir arbeiten, wie wir leben – bleibt uns die wichtigste Frage: Wer will ich sein? Und warum?

5.2 Warum funktioniert das aktuelle System nicht mehr?

Das aktuelle Bildungssystem, aber auch viele unserer beruflichen Strukturen, sind auf einem veralteten Modell der Menschlichkeit aufgebaut. Sie konzentrieren sich darauf, den Menschen in eine Maschine zu verwandeln – jemand, der Aufgaben effizient erledigt, produktiv arbeitet und vorgegebene Ziele erreicht. Doch in einer Zeit, in der Maschinen die Effizienz übernehmen, reicht dieses Modell nicht mehr aus.

Beispiel In traditionellen Bildungssystemen wird jungen Menschen ein fester Lernweg vorgegeben. Sie lernen dieselben Dinge im gleichen Tempo, unabhängig von ihren individuellen Stärken und Interessen. Doch in einer Welt, in der KI immer individuellere Lösungen bietet, wird deutlich, dass dieses Modell nicht mehr menschgerecht ist. Wir sind keine Maschinen, die nur nach einem festgelegten Plan arbeiten. Wir sind Menschen mit einzigartigen Fähigkeiten, Interessen und Träumen. Wir haben uns daran gewöhnt, äußeren Erwartungen zu folgen: Karriere, Status, materieller Erfolg. Doch selten halten wir inne und fragen uns: Ist das wirklich das, was mich erfüllt? Ist das der Weg, den ich gehen will? Das System fördert nicht die Selbstfindung. Es gibt keinen Raum für Reflexion, keine Zeit, innezuhalten und die grundlegenden Fragen zu stellen: Wer bin ich? Warum mache ich das? Was will ich wirklich? Stattdessen treiben wir vorwärts, getrieben von äußeren Erwartungen und Anforderungen, während unser wahres Selbst oft auf der Strecke bleibt.

5.3 Die Kraft der inneren Klarheit

In der Ära der Künstlichen Intelligenz wird die Fähigkeit, innere Klarheit zu erlangen, nicht nur zu einer wertvollen Kompetenz – sie wird zu einer Notwendigkeit. Die äußere Welt mag sich schneller verändern, als wir es uns je vorstellen konnten, doch nur wer die Kraft hat, in sich selbst zu ruhen, wird in dieser Welt seinen Platz finden. Denn die Maschinen mögen uns in vielen Bereichen unterstützen, aber sie können uns nicht sagen, wer wir sind. Erfolg bedeutet heute nicht mehr nur materielle Gewinne, sondern tiefere Erfüllung. Es bedeutet, die eigene Berufung zu leben, etwas zu schaffen, das im Einklang mit unseren Werten steht. Denn nur, wer sich wirklich kennt, kann den Sinn in seinem Handeln finden und diesen Sinn auch nach außen tragen.

Beispiel Ein Manager in einem großen Unternehmen steht an der Spitze seiner Karriere. Er hat alle Ziele erreicht, die er sich jemals gesetzt hat. Doch nach Jahren der harten Arbeit und des Erfolgs fühlt er sich innerlich leer. Er hat alles, was er sich materiell wünschte, aber etwas Entscheidendes fehlt: der innere Sinn. Erst als er beginnt, sich selbst die Frage zu stellen, warum er überhaupt so hart gearbeitet hat und was er wirklich erreichen möchte, findet er neue Wege, die ihn nicht nur beruflich, sondern auch persönlich erfüllen.

5.4 Selbstfindung in Zeiten von KI: Warum es jetzt so wichtig ist

In der Vergangenheit waren viele Entscheidungen relativ klar: Du hast eine Ausbildung gemacht, eine Karriere aufgebaut und nach den Maßstäben deiner Zeit gelebt. Doch in der Zukunft, die durch KI geprägt ist, werden die traditionellen Pfade immer weniger relevant. Die Jobs von heute könnten morgen automatisiert sein, die Karrieren, die gestern erstrebenswert waren, könnten durch Maschinen ersetzt werden. Deshalb ist es entscheidend, dass wir nicht auf äußere Gegebenheiten vertrauen, sondern tief in uns gehen, um die Antworten zu finden, die wirklich zählen. KI kann uns viele Aufgaben abnehmen – aber sie kann uns nicht unsere Bestimmung zeigen. Diese Arbeit müssen wir selbst leisten.

Beispiel Eine junge Frau, die als Softwareentwicklerin arbeitet, sieht sich plötzlich mit der Realität konfrontiert, dass viele ihrer Aufgaben von automatisierten Systemen übernommen werden. Anstatt sich von der Angst vor der Zukunft treiben zu lassen, nutzt sie diese Phase des Umbruchs, um sich zu fragen, was sie wirklich mit ihrer technischen Begabung erreichen will. Sie entdeckt eine Leidenschaft für Bildungsprojekte und nutzt ihre Fähigkeiten, um KI-gestützte Lernplattformen zu entwickeln, die benachteiligten Kindern weltweit Zugang zu Bildung ermöglichen. Diese Entscheidung führt nicht nur zu beruflichem Erfolg, sondern gibt ihrem Leben einen tieferen Sinn.

5.5 Reflexion als Schlüssel: Wer bin ich und warum will ich das?

Sich die elementaren Fragen zu stellen – Wer bin ich? Was will ich? Warum will ich das? – ist der Schlüssel zur inneren Klarheit. Diese Fragen sind die Grundlage für jede Entscheidung, die wir treffen, und sie sind entscheidend für unser persönliches Wachstum in einer von KI geprägten Welt.

Beispiel Ein junger Start-up-Gründer arbeitet an einer neuen App, die den Alltag von Menschen vereinfachen soll. Aber nachdem er das erste Jahr seines Unternehmens hinter sich hat, merkt er, dass ihn die Arbeit nicht wirklich erfüllt.

Er hat sich nie die Zeit genommen, darüber nachzudenken, warum er diese App entwickelt. Erst als er sich die Frage stellt, welchen Sinn er in seiner Arbeit sieht, merkt er, dass er eine ganz andere Richtung einschlagen möchte – eine, die seinen inneren Werten entspricht. Er entscheidet sich, das Start-up umzubauen und eine Plattform zu schaffen, die soziale und umweltfreundliche Initiativen unterstützt. Diese Entscheidung gibt ihm den Sinn, nach dem er gesucht hat.

Wenn wir uns die Zeit nehmen, unsere Werte, unsere Leidenschaften und unsere Ziele zu reflektieren, schaffen wir eine innere Stabilität, die uns unabhängig macht von den äußeren Umständen. Wir können unsere Entscheidungen nicht länger von äußeren Einflüssen leiten lassen – wir müssen lernen, aus unserer inneren Klarheit heraus zu handeln.

5.6 Die neuen Chancen: Leben mit Intention

Die gute Nachricht: In der Ära der KI haben wir mehr Möglichkeiten denn je, ein Leben nach unseren eigenen Vorstellungen zu gestalten. Wir können die Aufgaben delegieren, die uns nicht erfüllen, und uns auf das konzentrieren, was uns wirklich am Herzen liegt. Doch dies erfordert Mut – den Mut, loszulassen, was uns nicht dient, und den Mut, unsere wahre Berufung zu leben.

Beispiel Ein mittelständisches Unternehmen entschließt sich, seine Geschäftsprozesse zu automatisieren und KI einzusetzen, um alltägliche Aufgaben zu erledigen. Dies gibt den Mitarbeitern mehr Freiraum, um kreativ zu arbeiten und sich auf strategische Projekte zu konzentrieren. Ein Mitarbeiter, der vorher nur repetitive Aufgaben erledigte, entdeckt plötzlich seine Leidenschaft für Marketingstrategien und entwickelt eine innovative Kampagne, die dem Unternehmen völlig neue Märkte eröffnet.

5.7 Die Revolution beginnt in uns

Die größte Herausforderung unserer Zeit ist nicht die Technik – es ist die Menschlichkeit. Es ist die Frage, wie wir in einer Welt, die sich immer schneller verändert, unseren eigenen Weg finden und bewahren können. Die Maschinen mögen effizienter sein als wir, aber sie können uns nicht die Antworten auf die wichtigsten Fragen geben. Diese Antworten müssen wir in uns selbst finden. Denn nur wer sich selbst kennt, kann mit Intention leben und eine Zukunft gestalten, die nicht nur von Technologie geprägt ist, sondern auch von Sinn, Erfüllung und Menschlichkeit.

> **Praxis: Wer bin ich? Was will ich? Warum will ich das? Selbstfindung in der Ära der KI**
>
> **Takeaway:**
> In einer Zeit, in der KI viele Aufgaben übernimmt, ist es wichtiger denn je, dass wir uns selbst kennen und verstehen, was uns wirklich erfüllt. Nur wer sich die Fragen „Wer bin ich?" „Was will ich wirklich?" und „Warum will ich das?" stellt, kann ein Leben gestalten, das nicht nur von äußerem Erfolg, sondern auch von innerer Erfüllung geprägt ist. Die wahre Stärke in der Ära der Technologie liegt nicht in der Effizienz, sondern darin, bewusst und mit Klarheit über unsere eigenen Werte und Ziele zu leben.
>
> **Reflexionsfragen:**
> 1. Was erfüllt mich wirklich, unabhängig von äußeren Erfolgen?
> 2. Welche meiner täglichen Aufgaben bringen mir Freude – und welche tun es nicht?

5 Wer bin ich? Was will ich? Warum will ich das? ...

3. Wenn ich alle Erwartungen von außen ignorieren könnte, wie würde ich mein Leben gestalten?
4. Was ist meine wahre Berufung? Was will ich der Welt hinterlassen?

To-do-Liste:
- Nimm dir täglich Zeit für Reflexion. Stelle dir jeden Tag eine der oben genannten Fragen.
- Analysiere deine täglichen Aufgaben: Welche Aufgaben entsprechen deinen Werten und Zielen?
- Mache kleine Schritte in Richtung eines erfüllten Lebens, indem du regelmäßig Aufgaben delegierst oder eliminierst, die dir keine Freude bereiten.

6

Geschäfts- und Gesellschaftssinn im digitalen Zeitalter

> *„Es kommt darauf an, das Herz zu rühren; dies allein gibt der Sache Wert."* (Voltaire)

Im digitalen Zeitalter, in dem sich die Grenzen zwischen Wirtschaft und Gesellschaft immer mehr auflösen, stellt sich eine entscheidende Frage: Welche Rolle spielen Unternehmen noch? Sind sie bloße Profitmaschinen, oder sind sie tief in das Geflecht der Gesellschaft verwoben? In einer Welt, in der Technologie, unsere Art zu leben und zu arbeiten revolutioniert, müssen Unternehmen mehr sein als reine Wirtschaftsakteure. Sie müssen zu treibenden Kräften der gesellschaftlichen Entwicklung werden. Das Dilemma der modernen Unternehmen: Die Technologie entwickelt sich so schnell, dass viele Unternehmen Mühe haben, Schritt zu halten. Doch die Wahrheit ist: Es reicht nicht aus, technologisch auf der Höhe zu sein. Um in der digitalen Welt erfolgreich zu bestehen, müssen Unternehmen gesellschaftliche Verantwortung übernehmen. In den kommenden Jahren werden diejenigen, die auf rein wirtschaftlichen Erfolg setzen, schnell ins Hintertreffen geraten. Die Gewinner der digitalen Revolution sind die Unternehmen, die eine Verbindung zwischen ihrem Geschäftssinn und ihrem gesellschaftlichen Wert schaffen.

6.1 Der gesellschaftliche Wert von Unternehmen im Wandel

In der Vergangenheit war der Wert eines Unternehmens oft einfach zu bestimmen: Umsatz, Gewinn, Marktanteil. Doch heute hat sich diese Sichtweise verändert. Der Wert eines Unternehmens bemisst sich zunehmend auch daran, welchen Beitrag es zur Gesellschaft leistet. Das bedeutet, dass Unternehmen heute nicht nur für ihre Aktionäre, sondern auch für ihre Mitarbeiter, Kunden und die Gesellschaft als Ganzes verantwortlich sind. Ein Beispiel hierfür ist der Einfluss von Nachhaltigkeit auf Unternehmen. Noch vor wenigen Jahrzehnten hätte sich kaum ein CEO um den CO_2-Fußabdruck seines Unternehmens gekümmert. Heute jedoch ist Nachhaltigkeit ein zentraler Faktor, der den Erfolg und den gesellschaftlichen Wert eines Unternehmens maßgeblich beeinflusst. Verbraucher achten darauf, wie ein Produkt hergestellt wird, welche Materialien verwendet werden und ob die Produktion die Umwelt schädigt.

Beispiel Nimm die Modebranche. Früher war es wichtig, Mode schnell und billig zu produzieren. Unternehmen wie H&M und Zara haben auf diese Weise die Fast-Fashion-Industrie aufgebaut. Doch heute verlangen Konsumenten mehr. Sie wollen wissen, ob die Kleidung, die sie kaufen, unter fairen Bedingungen hergestellt wurde. Marken wie Patagonia und Veja haben sich darauf spezialisiert, nachhaltige Mode zu produzieren, und sind damit zu Vorbildern für die Branche geworden. Der gesellschaftliche Wert dieser Unternehmen liegt nicht nur in den Kleidungsstücken selbst, sondern auch in den Prinzipien, nach denen sie handeln. Doch Nachhaltigkeit ist nur ein Aspekt. Der gesellschaftliche Wert eines Unternehmens zeigt sich auch darin, wie es mit seinen Mitarbeitern und Kunden umgeht. Unternehmen, die ihren Mitarbeitern faire Löhne zahlen, sie fortbilden und ihnen Entwicklungsmöglichkeiten bieten, schaffen nicht nur Loyalität, sondern auch langfristigen Erfolg.

6.2 Kommunikation und Bildung im digitalen Zeitalter

Im digitalen Zeitalter hat sich auch die Art und Weise, wie wir kommunizieren und lernen, grundlegend verändert. Künstliche Intelligenz spielt dabei eine entscheidende Rolle. Sie verändert die Arbeitsweise in Unternehmen, aber auch die Art, wie Wissen vermittelt wird. Unternehmen müssen sich aktiv an diesem Wandel beteiligen, wenn sie nicht den Anschluss verlieren wollen.

Beispiel Stell dir ein großes Technologieunternehmen vor, das eine bahnbrechende Software entwickelt. Diese Software hat das Potenzial, die Produktivität in Unternehmen zu steigern. Aber was passiert, wenn niemand weiß, wie man sie benutzt? Hier kommt Bildung ins Spiel. Unternehmen müssen sicherstellen, dass ihre Mitarbeiter die Fähigkeiten haben, um mit neuen Technologien Schritt zu halten. Weiterbildung wird im digitalen Zeitalter zur Pflicht, nicht nur zur Kür. Künstliche Intelligenz kann hierbei helfen, indem sie personalisierte Lernpläne erstellt und Mitarbeiter gezielt fördert. Doch KI allein reicht nicht aus. Es braucht menschliche Führung, um diese Werkzeuge sinnvoll zu integrieren und den Lernprozess zu begleiten. Es geht darum, den Menschen in den Mittelpunkt des Lernens zu stellen, anstatt die Technologie. Ein weiteres Beispiel ist die interne Kommunikation. Früher gab es starre Hierarchien und klar definierte Kommunikationswege. Doch die Digitalisierung hat auch hier eine Revolution ausgelöst. Unternehmen wie Google und Amazon setzen auf offene, horizontale Kommunikationsstrukturen. Mitarbeiter-Feedback ist nicht nur willkommen, es wird aktiv gefördert. Es gibt Plattformen und Tools, die den Austausch erleichtern und dafür sorgen, dass Ideen und Innovationen aus allen Ecken des Unternehmens kommen können.

6.3 Der gesellschaftliche Auftrag von Unternehmen

Unternehmen haben heute mehr denn je eine Verantwortung gegenüber der Gesellschaft. Es reicht nicht aus, nur Gewinne zu erwirtschaften und Produkte zu verkaufen. Unternehmen müssen sich aktiv in die gesellschaftlichen Entwicklungen einbringen, indem sie beispielsweise soziale Projekte unterstützen, sich für mehr Diversität einsetzen oder sich um den Schutz der Umwelt kümmern.

Beispiel Ein Unternehmen wie Unilever hat dies erkannt. Es setzt sich aktiv für die Reduktion seines ökologischen Fußabdrucks ein und investiert in Programme, die die Lebensbedingungen in Entwicklungsländern verbessern. Unilever hat verstanden, dass Unternehmen, die sich nicht um die Gesellschaft kümmern, langfristig scheitern werden. Der gesellschaftliche Auftrag ist nicht nur eine moralische Pflicht, sondern auch ein wichtiger Faktor für den wirtschaftlichen Erfolg. Doch auch kleinere Unternehmen können ihren Beitrag leisten. Es geht nicht immer um große, globale Projekte. Auch lokale Initiativen, die beispielsweise die Bildung fördern oder Arbeitsplätze schaffen, sind ein wichtiger Beitrag. Soziale Verantwortung beginnt oft im Kleinen, hat aber eine große Wirkung.

6.4 Die Zukunft der Führung im digitalen Zeitalter

In einer digitalen Welt ist Führung nicht mehr das, was sie einmal war. Command-and-Control war gestern. Heute geht es um Co-Creation und Agilität. Führungskräfte müssen ihre Mitarbeiter nicht mehr nur managen, sie müssen sie inspirieren, ermutigen und ihnen die Werkzeuge an die Hand geben, um in einer sich ständig wandelnden Welt erfolgreich zu sein.

Beispiel Betrachten wir noch einmal ein Unternehmen wie Tesla. Elon Musk ist nicht nur ein Manager, er ist ein Visionär. Er führt seine Mitarbeiter nicht durch strenge Vorgaben, sondern durch die Kraft seiner Vision. Seine Mission, die Welt mit nachhaltigen Energien zu verändern, inspiriert nicht nur seine Mitarbeiter, sondern auch die Kunden. In einer Zeit, in der KI und Digitalisierung die Arbeit verändern, müssen Führungskräfte lernen, ihre Mitarbeiter mit einer klaren Vision und durch emotionales Engagement zu motivieren.

Doch Führung geht noch weiter. Es geht auch darum, Vertrauen aufzubauen. In einer Welt, in der digitale Tools wie Zoom oder Slack die Zusammenarbeit verändern, müssen Führungskräfte sicherstellen, dass ihre Teams nicht auseinanderdriften. Virtuelle Teams können nur erfolgreich sein, wenn sie das Gefühl haben, Teil eines gemeinsamen Ganzen zu sein. Das bedeutet, dass Führungskräfte neue Wege finden müssen, um Beziehungen aufzubauen und zu pflegen – auch über digitale Kanäle hinweg.

6.5 Unternehmenswerte und der Weg zur erfolgreichen, nachhaltigen Führung

Unternehmen müssen sich auf Werte besinnen, die sie langfristig erfolgreich machen. Dazu gehören Nachhaltigkeit, Menschlichkeit und Verantwortung. Der wahre Erfolg im digitalen Zeitalter wird nicht mehr nur durch Zahlen bestimmt, sondern durch die positive Wirkung, die ein Unternehmen auf die Gesellschaft und die Welt ausübt.

Beispiel Apple hat es verstanden, seine Vision von Benutzerfreundlichkeit und innovativem Design mit Werten wie Umweltschutz und Datensicherheit zu verbinden. Es reicht nicht mehr, nur innovative Produkte zu entwickeln. Unternehmen müssen auch Verantwortung für ihre Auswirkungen auf die Umwelt und die Gesellschaft übernehmen. In einer Welt, in der Technologie die Grenzen des Machbaren immer weiter verschiebt, sind es am Ende die Werte eines Unternehmens, die über seinen Erfolg entscheiden. Technologie ohne Ethik führt in eine Welt, in der der Mensch auf der Strecke bleibt. Unternehmen, die das begreifen, haben die Chance, die Zukunft nicht nur zu erleben, sondern aktiv mitzugestalten.

> **Praxis: Geschäfts- und Gesellschaftssinn im digitalen Zeitalter**
>
> **Takeaway:**
> Unternehmen müssen nicht nur wirtschaftlichen Erfolg anstreben, sondern auch einen gesellschaftlichen Mehrwert bieten. Der wahre Erfolg im digitalen Zeitalter basiert auf einem klaren Sinn und ethischen Werten, die sich im Geschäftsmodell widerspiegeln.

Reflexionsfragen:

- Welchen gesellschaftlichen Mehrwert leistet dein Unternehmen aktuell?
- Inwiefern spiegeln deine Unternehmenswerte den Wandel im digitalen Zeitalter wider?
- Was kannst du tun, um mehr Verantwortung gegenüber der Gesellschaft zu übernehmen?

To-do-Liste:

1. Definiere klare Werte, die dein Unternehmen leiten, und überprüfe, ob sie noch aktuell sind.
2. Entwickle konkrete Schritte, wie dein Unternehmen einen positiven gesellschaftlichen Einfluss ausüben kann.
3. Erstelle ein Nachhaltigkeits- oder Sozialprojekt, das zu deinem Unternehmen passt und einen Mehrwert für die Gesellschaft bietet.

7
Glück und Digitalisierung

Was ist Glück? In einer Welt, die zunehmend von Technologie und Digitalisierung geprägt wird, suchen immer mehr Menschen nach dem Schlüssel zu einem erfüllten Leben. Doch was macht uns wirklich glücklich? Ist es der Besitz von Dingen, das Streben nach Erfolg oder sind es die Beziehungen, die wir pflegen? Während die Welt immer digitaler wird, bleibt eine zentrale Frage bestehen: Wie finden wir Glück in einer Zeit, in der unser Leben von Maschinen, Algorithmen und ständiger Erreichbarkeit dominiert wird?

7.1 Das Streben nach Glück in der digitalen Welt

„Glück muss man können!" Diese alte Redensart trifft den Kern. Glück ist keine Konstante. Es fällt uns nicht einfach in den Schoß. Doch viele Menschen glauben, dass es eine einfache Gleichung gibt: mehr Besitz = mehr Glück. In einer digitalisierten Welt, in der wir jederzeit mit wenigen Klicks Dinge kaufen, Informationen abrufen und uns ablenken können, scheint das Streben nach Glück immer mehr auf materiellen Besitz reduziert zu werden. Aber stimmt das wirklich?

Denke an den Moment, als du dir das neueste Smartphone oder einen schicken Laptop gekauft hast. Dieses erste Gefühl der Zufriedenheit, das durch den Kauf entstand, verblasste schneller, als du es dir vielleicht gewünscht hast. Der Grenznutzen nimmt ab – das zweite und dritte Mal, dass du dein neues Gerät nutzt, ist nicht mehr so befriedigend wie beim ersten Mal. Das ist das Phänomen des „abnehmenden Grenznutzens" (Gabler Wirtschaftslexikon 2018).

Beispiel Nach einem anstrengenden Marathon schenkte ich mir ein alkoholfreies Weißbier ein. Das erste Glas – himmlisch. Doch schon beim zweiten Glas ließ das Gefühl nach. Das dritte Glas? Nur noch Routine, weil ich wusste, dass mein Körper noch mehr Flüssigkeit brauchte. So verhält es sich auch mit materiellem Besitz: Das Streben nach mehr bringt uns oft nicht das erhoffte anhaltende Glück. Stattdessen zeigen Studien, dass Erfahrungen und Beziehungen nachhaltigeres Glück bringen. Ein Marathonlauf, den du dir hart erarbeitet hast, erfüllt dich tiefer und langfristiger als der Kauf eines neuen Geräts. Etwas zu kaufen kann im Prinzip jeder. Aber das Gefühl der Erfüllung nach einer Zeit voller Anstrengung und Disziplin, mit einem klaren Ziel vor Augen, ist etwas viel tiefer Greifendes und darum nachhaltig und persönlichkeitsbildend. Diese Erlebnisse stärken dein Selbstbewusstsein, dein Gefühl von Erfüllung. Es sind die Dinge, die uns herausfordern, an denen wir wachsen und die wir mit anderen Menschen teilen, die uns wirklich glücklich machen. In der digitalen

Welt bietet uns Technologie zahlreiche Möglichkeiten, unser Leben zu erleichtern, doch sie birgt auch die Gefahr, dass wir uns von den echten, wertvollen Dingen im Leben ablenken lassen. Reale Beziehungen und Erfahrungen treten in den Hintergrund, während Likes, Follower und virtuelle Interaktionen in den Vordergrund rücken. Wir beginnen zu glauben, dass es Abkürzungen für Erfolg gibt. Aber die gibt es nicht. Diese schnellen Ergebnisse können nicht das tiefe Glück ersetzen, das wir durch echte, menschliche Verbindungen und erfüllende Erfahrungen finden.

7.2 Beziehungen in der digitalen Arbeitswelt

Gute Beziehungen sind der Schlüssel zu einem glücklichen Leben. Das zeigen nicht nur alte Weisheiten, sondern auch wissenschaftliche Studien. Die Harvard-Studie über die Entwicklung Erwachsener, eine der längsten Studien dieser Art, kam zu einem klaren Ergebnis: Gute Beziehungen machen uns gesünder und glücklicher. Sie verlängern unser Leben, halten uns geistig fit und geben uns in schwierigen Zeiten Kraft. Diese Langzeitstudie begleitet seit mehr als 85 Jahren rund 700 Männer, die zum Start der Untersuchung im Jahr 1938 etwa 16 Jahre alt waren. Sie zählt zu den längsten und umfassendsten Studien über die Entwicklung vom Jugend- ins Erwachsenenalter. Alle zwei Jahre füllen die Teilnehmer Fragebögen aus, in denen sie unter anderem Auskunft über ihre Ehe, ihre berufliche Zufriedenheit und ihre Freizeitgestaltung geben. Ergänzend werden alle fünf Jahre medizinische Untersuchungen durchgeführt. Die Ergebnisse liefern wertvolle Erkenntnisse darüber, welche Faktoren zu einem erfüllten und glücklichen Leben beitragen.

Was bedeutet das in einer digitalen Arbeitswelt, in der viele Beziehungen durch Bildschirme und Chatfenster geprägt sind? In der Menschen remote arbeiten, sich selten persönlich treffen und häufig nur über E-Mails oder Slack kommunizieren? Auch wenn digitale Tools uns viele Vorteile bringen, so können sie doch nie die Tiefe echter menschlicher Verbindungen ersetzen. Echte Beziehungen am Arbeitsplatz entstehen durch Vertrauen, gemeinsame Erfahrungen und die Bereitschaft, sich gegenseitig zu unterstützen. In einer immer stärker digitalisierten Arbeitswelt müssen Unternehmen sich daher bewusst darum bemühen, den menschlichen Faktor nicht aus den Augen zu verlieren. Es reicht nicht, nur digitale Werkzeuge bereitzustellen – es braucht eine Kultur des Miteinanders, in der Menschen sich wirklich verbunden fühlen.

Beispiel Während der Covid-Pandemie haben viele Unternehmen erkannt, wie wichtig es ist, den Kontakt zwischen den Mitarbeitern zu halten, auch wenn sie nicht physisch am selben Ort arbeiten. Virtuelle Kaffeepausen, regelmäßige Team-Meetings und Feedback-Sitzungen sind Möglichkeiten, um das Gefühl der Zusammengehörigkeit zu stärken, auch wenn die Arbeit zunehmend digitalisiert ist.

Die digitale Balance zwischen Arbeit und Leben
Eine der größten Herausforderungen im digitalen Zeitalter ist die Balance zwischen Arbeit und Privatleben. Work-Life-Balance – ein Begriff, der oft verwendet wird, aber in Zeiten der Digitalisierung eine völlig neue Bedeutung bekommt. Wo früher klare Grenzen zwischen Arbeit und Freizeit existierten, verschwimmen diese heute immer mehr. Dank Laptops, Smartphones und Cloud-Lösungen sind wir ständig erreichbar, immer vernetzt. Doch was be-

deutet das für unser Glück und unsere Gesundheit? Wenn wir ständig arbeiten, verlieren wir den Kontakt zu den Dingen, die uns wirklich erfüllen: Zeit mit unserer Familie, Freundschaften pflegen, unsere Hobbys ausleben. Die digitale Welt hat zwar die Effizienz gesteigert, aber gleichzeitig auch die Gefahr gebracht, dass wir nie wirklich abschalten können. Ein Meeting folgt dem nächsten, die E-Mails hören nie auf – und dabei bleibt das persönliche Glück auf der Strecke. Natürlich macht es auch glücklich, wenn man einen erfüllenden Job hat. Und da gibt es noch mehr, was wir brauchen, um uns nachhaltig glücklich zu fühlen. Es ist daher von entscheidender Bedeutung, dass wir uns aktiv darum bemühen, in einer digitalisierten Welt nicht nur effizient zu arbeiten, sondern auch bewusst Pausen einzulegen. Zeit für uns selbst, für unsere Lieben und für die Dinge, die uns nachhaltig glücklich machen. Es liegt an uns, die Technologie zu nutzen, ohne von ihr dominiert zu werden.

Beziehungen in der digitalen Arbeitswelt: Über den Bildschirm hinaus
Die Arbeitswelt hat sich verändert. Remote Work, hybride Arbeitsmodelle und virtuelle Teams sind keine Ausnahmen mehr, sondern für viele Menschen zur Norm geworden. Doch wie pflegt man Beziehungen in einer Arbeitswelt, die so stark von digitalen Tools geprägt ist? Wie schaffen wir es auch über große Entfernungen hinweg Vertrauen und Zusammenhalt in unseren Teams aufzubauen?

Das Schlüsselwort lautet Empathie. In einer virtuellen Welt, in der wir uns nicht mehr täglich im Büro sehen, ist es umso wichtiger, empathisch zu sein und sich Zeit für echte Gespräche zu nehmen. Wir müssen uns bewusst darum bemühen, nicht nur die Arbeit im Blick zu haben, sondern auch die menschlichen Bedürfnisse unserer Kollegen zu erkennen.

Beispiel Unternehmen wie Buffer (https://buffer.com/) oder Zapier (https://zapier.com/), die vollständig remote arbeiten, haben dies erkannt. Sie setzen auf regelmäßige virtuelle Check-ins, bei denen nicht nur über Projekte gesprochen wird, sondern auch Raum für persönliche Gespräche bleibt. Diese Unternehmen verstehen, dass es nicht ausreicht, nur produktiv zu sein – es geht auch darum, echte Verbindungen zu schaffen, unabhängig davon, ob man sich physisch gegenübersteht oder nicht. Die wahre Herausforderung in der digitalen Arbeitswelt liegt darin, echte, bedeutungsvolle Beziehungen aufrechtzuerhalten, auch wenn die Zusammenarbeit immer mehr durch Bildschirme vermittelt wird. Es geht darum, die Menschen hinter den Bildschirmen nicht zu vergessen und sicherzustellen, dass sie sich als Teil eines Teams fühlen, das zusammenhält.

Das Glück in der digitalen Welt: Eine bewusste Entscheidung
Glück in der digitalen Welt ist keine Selbstverständlichkeit. Es ist etwas, das wir aktiv gestalten müssen. In einer Zeit, in der uns Technologie so viele Möglichkeiten bietet, müssen wir lernen, diese bewusst zu nutzen, um unser persönliches Wohlbefinden zu steigern. Das bedeutet, dass wir uns aktiv dafür entscheiden, Zeit für uns selbst zu nehmen, echte Beziehungen zu pflegen und uns nicht von der ständigen Erreichbarkeit überwältigen zu lassen. Glück bedeutet nicht, mehr zu besitzen oder mehr zu arbeiten. Es bedeutet, die Momente im Leben zu schätzen, die uns wirklich erfüllen – ob das nun eine tiefe Beziehung, eine erfüllende Tätigkeit oder einfach nur ein stiller Moment der Selbstreflexion ist. In einer Welt, die immer schneller und digitaler wird, ist das vielleicht die wichtigste Lektion von allen.

> **Praxis: Glück und Digitalisierung**
> **Takeaway:**
> In einer immer digitaleren Welt ist es entscheidend, den Fokus auf das zu legen, was uns wirklich glücklich macht: menschliche Beziehungen, persönliche Erfüllung und ein ausgewogenes Verhältnis zwischen Arbeit und Leben. Technologie sollte uns dabei unterstützen, nicht ablenken.

Literatur

Gabler Wirtschaftslexikon (2018). Grenznutzen. https://wirtschaftslexikon.gabler.de/definition/grenznutzen-32826/version-256361

8

Das System „Beziehungsdesign" – Wie du in der digitalen Welt stärkere Beziehungen aufbaust

Technologie prägt unser Leben immer stärker. Ob im Beruf oder im Privatleben, digitale Tools und Plattformen sind allgegenwärtig. Doch je mehr Technologie Einzug hält, desto wichtiger werden die zwischenmenschlichen Beziehungen. In einer Zeit, in der vieles automatisiert wird, bleibt eine zentrale Frage bestehen: Wie können wir unsere menschlichen Beziehungen, sei es zu unseren Mitarbeitern, Kunden oder Partnern, auf eine neue, tiefere Ebene bringen?

Das System „Beziehungsdesign" ist ein praktischer Ansatz, um in der digitalen Welt starke Beziehungen zu gestalten. Es basiert auf drei zentralen Säulen: Dir selbst als Unternehmer, deinem Team und der Öffentlichkeit. Dieses System wurde entwickelt, um Unternehmen zu helfen, in Zeiten des digitalen Wandels und demografischer Veränderungen durch authentische, menschliche Verbindungen zu glänzen. Der Autor Jörg Ristau, der das System entwickelt hat, sagt, dass die Beziehungen in einem

Unternehmen untereinander sowie zu den Kunden wichtiger seien als das Produkt selber. Es handelt sich um einen Erfolgsfaktor.

8.1 Der Unternehmer – Leidenschaft als Kraftquelle

Alles beginnt bei dir. Als Unternehmer bist du die treibende Kraft hinter deiner Vision. Deine Leidenschaft, dein „Warum", deine Werte und deine Vision sind die Grundlage für alles, was du tust. Ohne diese innere Klarheit wird es schwer, dein Team und deine Kunden für deine Idee zu begeistern.

Beispiel Denke an große Unternehmer wie Steve Jobs. Seine Leidenschaft für außergewöhnliches Design und nutzerfreundliche Technologie war der Motor, der Apple zu einem der erfolgreichsten Unternehmen der Welt gemacht hat. Diese Vision war so stark, dass sie auch nach seinem Tod weiterlebt und die Unternehmenskultur bei Apple prägt.

Reflexionsfragen an dich als Unternehmer:

- Warum tust du, was du tust? Was ist dein Antrieb? Diese Frage mag einfach klingen, doch sie birgt tiefen Sinn. Wenn du dein „Warum" kennst, kannst du deine Entscheidungen und deine Strategie klar darauf ausrichten.
- Welche Werte sind dir wichtig? Werte sind das Fundament jeder erfolgreichen Unternehmenskultur. Sie geben deinen Handlungen eine Richtung und helfen dir, in schwierigen Zeiten die richtigen Entscheidungen zu treffen.
- Wie siehst du deine Zukunft? Eine starke Vision gibt dir und deinem Team Orientierung. Sie hilft dir, auch in turbulenten Zeiten das Ziel im Blick zu behalten.

Beispiel Ein Unternehmer könnte das „Warum" hinter seinem Unternehmen so formulieren: „Ich möchte Menschen helfen, sich gesünder zu ernähren, weil ich fest daran glaube, dass gute Ernährung der Schlüssel zu einem besseren Leben ist." Diese Leidenschaft wird dann zum Herzstück des Unternehmens und motiviert das gesamte Team, dieses Ziel zu erreichen.

8.2 Das Team – Liebe als Antrieb

Dein Team ist der Motor deines Unternehmens. Doch während Fachkompetenz wichtig ist, reicht sie allein nicht aus. Ein starkes Team basiert auf Vertrauen, gemeinsamen Werten und echter Begeisterung. Wenn dein Team deine Vision teilt und sich mit dem Unternehmensziel identifiziert, wird es automatisch motivierter und leistungsfähiger.

Die New Work-Bewegung hat gezeigt, dass starre Strukturen in der Arbeitswelt ausgedient haben. Stattdessen rückt der Mensch in den Mittelpunkt. Flexibilität, Selbstbestimmung und Sinnhaftigkeit sind die Schlüsselbegriffe der neuen Arbeitswelt.

Beispiel Viele innovative Unternehmen wie Spotify oder Google haben flexible Arbeitsmodelle etabliert, die ihren Mitarbeitern ermöglichen, frei und kreativ zu arbeiten. Sie bieten ihren Teams nicht nur Raum für fachliche Entfaltung, sondern auch die Freiheit, persönliche Interessen und Bedürfnisse einzubringen. Diese Unternehmen verstehen, dass Menschen, die sich wohl und wertgeschätzt fühlen, bessere Arbeit leisten.

Wie du dein Team begeisterst:

1. **Teile deine Vision**: Dein Team sollte nicht nur wissen, was es zu tun hat, sondern auch warum es das tut. Wenn

du deine Leidenschaft und deine Vision teilst, steckst du andere damit an.
2. **Fördere die Stärken deines Teams**: Jeder Mitarbeiter hat individuelle Stärken. Anstatt alle gleichzuschalten, solltest du die einzigartigen Talente deines Teams erkennen und fördern.
3. **Vertraue deinem Team**: Vertrauen ist die Grundlage jeder erfolgreichen Zusammenarbeit. Gib deinen Mitarbeitern die Freiheit, eigenständig zu arbeiten und Entscheidungen zu treffen. So schaffst du ein Umfeld, in dem Innovation gedeihen kann.

Beispiel Ein Wanderer fragte drei Maurer, was sie tun. Der erste Maurer antwortete: „Ich setze Steine aufeinander." Der zweite sagte: „Ich baue eine Mauer." Der dritte antwortete strahlend: „Ich baue ein Schloss für eine wunderschöne Prinzessin." Was macht den Unterschied? Der dritte Maurer sah den tieferen Sinn in seiner Arbeit und war deshalb motiviert. Genauso solltest du dafür sorgen, dass dein Team nicht nur „Steine aufeinandersetzt", sondern voller Leidenschaft das große Ganze vor Augen hat.

8.3 Die Öffentlichkeit – Liebe und Begeisterung haben eine hohe Anziehungskraft

Wenn dein Unternehmen von Leidenschaft und starken Beziehungen getragen wird, ist es an der Zeit, dies auch nach außen zu tragen. In einer digitalen Welt bietet das Internet unendliche Möglichkeiten, dein Unternehmen und deine Vision zu präsentieren. Doch es reicht nicht, einfach nur Werbung zu machen. Menschen wollen sich mit

Geschichten und echten Werten identifizieren können. Die beste Möglichkeit, dein Unternehmen in der Öffentlichkeit zu positionieren, ist durch authentisches Storytelling. Erzähle die Geschichten deiner Kunden, deines Teams, deiner Vision. Menschen wollen wissen, wer hinter den Produkten und Dienstleistungen steht, die sie kaufen. Sie wollen eine Verbindung aufbauen – und das funktioniert am besten durch ehrliche, emotionale Geschichten.

Beispiel Die Kampagne „#LiveChangingPlaces" von Lufthansa erzählte die Geschichte von Menschen, deren jeweilige Leben durch eine Reise verändert wurde (Horizont 07.03.2019). Diese Erzählung vermittelte nicht nur eine emotionale Botschaft, sondern schuf eine tiefere Verbindung zwischen der Marke und ihren Kunden. Genau solche Geschichten wecken Emotionen und schaffen langfristige Bindungen.

So setzt du Storytelling in deinem Unternehmen um:

1. **Erzähle von echten Menschen:** Erzähle Geschichten von deinen Kunden, Mitarbeitern oder Partnern. Menschen wollen sich mit anderen Menschen identifizieren, nicht mit anonymen Marken.
2. **Setze auf emotionale Botschaften:** Zeige, wie dein Produkt oder deine Dienstleistung das Leben von Menschen verbessert. Emotionen sind ein starker Motor für die Entscheidungsfindung.
3. **Nutze Social Media:** Plattformen wie Instagram, LinkedIn oder YouTube bieten dir eine kostengünstige Möglichkeit, deine Geschichten mit der Welt zu teilen. Durch regelmäßige Updates kannst du eine Community aufbauen, die mit dir wächst.

Beispiel Die Marke Patagonia nutzt Social Media nicht nur, um ihre Produkte zu verkaufen, sondern um ihre Werte wie Nachhaltigkeit und Umweltschutz zu vermitteln. Ihre Kunden fühlen sich als Teil einer Bewegung und nicht nur als Konsumenten.

Das „Beziehungsdesign"-System in der Praxis
Die digitale Welt bietet uns unzählige Möglichkeiten, doch am Ende zählt immer das Menschliche. Mit dem System „Beziehungsdesign" kannst du sicherstellen, dass du in der digitalisierten Arbeitswelt nicht nur funktionierst, sondern wirklich blühst. Es ist der Schlüssel, um in einer technologischen Umgebung menschliche Verbindungen zu pflegen und zu stärken. Je stärker die Beziehung zwischen dir als Unternehmer, deinem Team und deinen Kunden ist, desto erfolgreicher wird dein Unternehmen sein. Technologie wird immer einen Platz in unserem Leben haben, aber es sind die authentischen Beziehungen, die uns von Maschinen unterscheiden und die unsere Unternehmen in der digitalen Zukunft stark machen.

Praxis: Veränderungskompetenz im Unternehmen – Der Schlüssel zur Zukunft

Takeaway:
Erfolgreiche Unternehmen basieren auf starken menschlichen Beziehungen. Das System „Beziehungsdesign" hilft dir, authentische Verbindungen zu schaffen – zwischen dir als Unternehmer, deinem Team und der Öffentlichkeit.

Reflexionsfragen:
- Wie gehst du selbst mit Veränderungen um? Bist du offen oder zögerst du?
- Welche Veränderungen in deinem Unternehmen wurden erfolgreich umgesetzt, und warum?
- Wo gibt es im Team oder im Unternehmen Widerstände gegen den Wandel?

To-do-Liste:
1. Führe eine Bestandsaufnahme durch: Welche Bereiche deines Unternehmens benötigen eine Veränderung?
2. Organisiere ein Teammeeting, um über anstehende Veränderungen zu sprechen und Bedenken auszuräumen.
3. Entwickle eine klare Kommunikationsstrategie, um Veränderungen transparent zu machen.

Literatur

Horizont (7.3.2019). Lufthansa – #LifeChangingPlaces – New York. https://www.youtube.com/watch?v=KaHpnjurhuo. Zugegriffen: 25. Februar 2025

9
Veränderungskompetenz im Unternehmen – Der Schlüssel zur Zukunft

In einer Welt, die sich rasend schnell verändert, wird die Fähigkeit, sich technologisch anzupassen, dabei gleichzeitig die einzigartige Positionierung zu schärfen und sichtbar zu machen, zur wichtigsten Eigenschaft eines erfolgreichen Unternehmens. Die digitale Revolution und die Künstliche Intelligenz (KI) haben bereits begonnen, nahezu alle Branchen zu transformieren. Doch es ist nicht nur die Technologie, die sich verändert – auch die Anforderungen an uns als Menschen, als Führungskräfte und als Mitarbeiter sind einem ständigen Wandel unterworfen. Die Fähigkeit, Veränderung als Chance zu begreifen und diese aktiv zu gestalten, entscheidet darüber, ob ein Unternehmen überlebt oder untergeht.

9.1 Veränderung als Chance – Der Umgang mit Wandel

Wenn es um Veränderung geht, haben viele Menschen eine natürliche Abwehrhaltung. Veränderungen bedeuten Unsicherheit, und Unsicherheit kann Angst auslösen. Doch genau hier liegt die Herausforderung und gleichzeitig die Chance: Wer es schafft, Angst in Mut zu verwandeln, wird im Wettbewerb der Zukunft bestehen.

Beispiel Jahrzehntelang waren Verbrennungsmotoren das Herz der Autoindustrie. Dann kam die Elektromobilität, und die Spielregeln änderten sich. Unternehmen wie Tesla haben sich frühzeitig auf diese Entwicklung eingestellt, während andere Hersteller zögerten. Die Konsequenzen sind spürbar: Wer den Wandel nicht mitgeht, verliert Marktanteile. Dies zeigt eindrucksvoll, dass es heute nicht mehr reicht, auf Veränderungen zu reagieren – man muss sie aktiv gestalten. Doch wie kann ein Unternehmen sicherstellen, dass es Veränderungen als Chance und nicht als Bedrohung wahrnimmt?

9.2 Veränderungskompetenz als strategische Fähigkeit

Veränderungskompetenz bedeutet nicht nur, flexibel zu sein. Es geht darum, eine Haltung zu entwickeln, die Veränderung als natürlichen Bestandteil des Unternehmensalltags begreift. Dies erfordert eine Unternehmenskultur, in der Offenheit und Neugier gefördert werden.

Beispiel Ein Paradebeispiel für Veränderungskompetenz ist das Unternehmen Lego (Batten & Company, 14. Oktober 2020; Bahr und Conrad 26.11.2019). Vor einigen Jahren stand das dänische Unternehmen kurz vor der Pleite, weil seine Spielzeuge nicht mehr den Nerv der Zeit trafen. Doch anstatt den Kopf in den Sand zu stecken, beschloss Lego, sich radikal neu zu erfinden. Heute ist Lego nicht nur ein erfolgreiches Spielzeugunternehmen, sondern hat sich durch Kooperationen mit der digitalen Spielewelt und durch kreative Lizenzpartnerschaften (wie mit „Star Wars") als Innovationstreiber neu positioniert.

9.3 Der Mensch im Zentrum der Veränderung

Technologische Veränderungen sind das eine, aber sie müssen immer vom Menschen getragen werden. Wenn wir über Veränderungskompetenz sprechen, sprechen wir vor allem über die Fähigkeit von Menschen, Veränderungen zu verstehen, zu akzeptieren und mitzugestalten. „Maschinen können analysieren, aber es sind Menschen, die die richtigen Fragen stellen", sagt Garry Kasparov, ehemaliger Schachweltmeister. Führungskräfte haben hier eine besondere Rolle. Sie müssen nicht nur selbst offen für Veränderungen sein, sondern auch ihre Mitarbeiter darin unterstützen, sich auf den Wandel einzulassen.

9.4 Veränderungsmanagement im Unternehmen – Wie du dein Team mitnimmst

Damit ein Unternehmen erfolgreich mit Veränderungen umgehen kann, muss Veränderungsmanagement zur Kernkompetenz der Führungskräfte werden. Es reicht nicht, Pläne von oben nach unten zu diktieren. Die Mitarbeiter müssen verstehen, warum Veränderungen notwendig sind, und sie müssen aktiv in den Prozess eingebunden werden.

Beispiel Ein mittelständisches Unternehmen aus der Konsumgüterbranche stand vor der Herausforderung, auf digitalisierte Produktionsprozesse umzustellen. Statt die

Neuerungen einfach zu verkünden, setzte das Unternehmen auf Mitarbeiterbeteiligung. In Workshops konnten die Mitarbeiter ihre Ängste und Wünsche äußern. So wurde nicht nur technisches Wissen vermittelt, sondern es entstand auch ein Gefühl des Mitgestaltens. Das Ergebnis: Eine schnelle und erfolgreiche Implementierung der neuen Prozesse, weil das gesamte Team an einem Strang zog.

Die wichtigsten Schritte für ein erfolgreiches Veränderungsmanagement:

1. **Transparente Kommunikation**: Mitarbeiter müssen frühzeitig informiert und in den Veränderungsprozess eingebunden werden. Nichts verunsichert mehr als das Gefühl, im Dunkeln zu tappen.
2. **Verständnis schaffen**: Führungskräfte sollten den Nutzen und die Notwendigkeit der Veränderung klar und verständlich darstellen. Je mehr die Mitarbeiter den Grund hinter der Veränderung verstehen, desto eher werden sie bereit sein, diesen Weg mitzugehen.
3. **Teilnahme ermöglichen**: Mitarbeiter sollten die Möglichkeit haben, sich aktiv an der Gestaltung des Veränderungsprozesses zu beteiligen. Dies schafft Akzeptanz und fördert das Vertrauen in den Prozess.

9.5 Die emotionale Seite der Veränderung – Mut statt Angst

Angst ist eine natürliche Reaktion auf das Unbekannte. Doch wenn wir uns von Angst leiten lassen, blockieren wir den Fortschritt. Deshalb ist es wichtig, einen konstruktiven Umgang mit Angst zu finden.

Beispiel John P. Kotter, Experte für Change Management, beschreibt in seinem Buch „Leading Change", wie erfolgreiche Unternehmen es schaffen, die Emotionen ihrer Mitarbeiter für den Wandel zu mobilisieren (Kotter 2011). Statt Angst vor der Veränderung zu schüren, setzen sie auf Motivation und Sinnstiftung. Die Mitarbeiter müssen verstehen, warum die Veränderung notwendig ist und welchen Beitrag sie leisten können, um das Unternehmen voranzubringen.

Wie du Mut statt Angst förderst:

1. **Als positives Beispiel vorangehen**: Führungskräfte sollten mit gutem Beispiel vorangehen und zeigen, dass sie selbst den Wandel begrüßen. Wenn du als Führungskraft authentisch zeigst, dass du den Wandel nicht als Bedrohung, sondern als Chance siehst, folgen dir deine Mitarbeiter.
2. **Mut belohnen**: Setze Anreize für mutiges Handeln. Menschen, die sich trauen, neue Wege zu gehen, sollten belohnt und unterstützt werden. Fehler sind Teil des Lernprozesses.
3. **Emotionale Unterstützung bieten**: Veränderung ist oft auch mit Verlustgefühlen verbunden. Es ist wichtig, diesen emotionalen Aspekt nicht zu vernachlässigen und den Mitarbeitern ausreichend Unterstützung anzubieten – sei es durch Feedbackgespräche, Coaching oder Mentoring.

9.6 Innovation als Treiber der Veränderung – Der Mut zur Zukunft

„Die beste Möglichkeit, die Zukunft vorherzusagen, ist, sie zu gestalten." (Abraham Lincoln)

Innovation und Veränderung sind untrennbar miteinander verbunden. Wer Innovation fördert, fördert gleichzeitig die Veränderung. Doch Innovation entsteht nicht im Vakuum – sie braucht ein offenes Umfeld, in dem Ideen entstehen und ausprobiert werden können.

Beispiel Das Unternehmen 3M hat eine Kultur der Innovation entwickelt, indem es seinen Mitarbeitern Freiraum für kreative Ideen gibt. Jeder Mitarbeiter hat die Möglichkeit, 15 % seiner Arbeitszeit für eigene Innovationsprojekte zu nutzen. Das Ergebnis: Viele der erfolgreichsten Produkte von 3M, wie zum Beispiel die berühmten Post-it-Notes, sind auf diese Weise entstanden (4M Karriere 2025).

9.7 Fazit: Veränderungskompetenz ist der Schlüssel zur Zukunft

In einer Welt, die von technologischen Umwälzungen und ständiger Transformation geprägt ist, ist Veränderungskompetenz eine der wichtigsten Fähigkeiten, die ein Unternehmen und seine Mitarbeiter haben können. Es ist nicht die Frage, ob sich die Welt verändert – sie tut es bereits. Die Frage ist vielmehr, wie wir auf diese Veränderungen reagieren und wie wir sie aktiv mitgestalten. Veränderungskompetenz bedeutet Mut, Offenheit und die Bereitschaft, sich immer wieder neu zu erfinden. Sie ist die Fähigkeit, in Zeiten der Unsicherheit stabil zu bleiben und gleichzeitig flexibel auf neue Herausforderungen zu reagieren. Diejenigen, die diese Kompetenz entwickeln, werden nicht nur überleben – sie werden in der Zukunft florieren.

> **Praxis: Veränderungskompetenz im Unternehmen – Der Schlüssel zur Zukunft**
>
> **Takeaway:**
> Veränderungskompetenz ist die Fähigkeit, sich nicht nur an den Wandel anzupassen, sondern ihn aktiv zu gestalten. Unternehmen, die mutig auf Veränderungen reagieren und ihre Mitarbeiter mitnehmen, werden in der Zukunft erfolgreich bestehen.

Literatur

Batten & Company (14.10.2020). Faktoren einer erfolgreichen Business Transformation – Lego als Best Practice für klaren Kunden- und Strategiefokus. https://www.batten-company.com/news/faktoren-einer-erfolgreichen-business-transformation-lego-als-best-practice-fuer-klaren-kunden-und-strategiefokus/. Zugegriffen: 25. Februar 2025

Bahr, I. Conrad, A. (26.11.2019). Warum Veränderungen geplant und begleitet sein wollen: 3 Change Management-Beispiele von Lego bis Netflix. https://www.capterra.com.de/blog/1107/3-change-management-beispiele-von-lego-bis-netflix. Zugegriffen: 25. Februar 2025

Kotter, J. P. (2011). Leading Change. Vahlen.

4M Karriere (2025). https://www.3mdeutschland.de/3M/de_DE/karriere/kultur/. Zugegriffen: 25. Februar 2025

10

Rechtliche Rahmenbedingungen und ethische Richtlinien für den Einsatz von KI in Deutschland und Europa

„Gesetze sollten nicht nur die Zukunft regeln, sondern sie auch formen." (Franklin D. Roosevelt)

Die Künstliche Intelligenz (KI) entwickelt sich rasant, und die rechtlichen Rahmenbedingungen müssen mit diesem Tempo Schritt halten. In Deutschland und Europa gibt es bereits eine Reihe von Gesetzen und Vorschriften, die den Einsatz von KI regeln. Diese rechtlichen Grundlagen sind entscheidend, um die Rechte der Bürger zu schützen, aber auch um sicherzustellen, dass Innovationen im Bereich KI in einem verantwortungsvollen und ethischen Rahmen stattfinden.

10.1 Die Datenschutz-Grundverordnung: Ein Grundpfeiler des Datenschutzes

Eine der zentralen rechtlichen Grundlagen für den Einsatz von KI in Europa und insbesondere in Deutschland ist die Datenschutz-Grundverordnung (DSGVO). Die DSGVO regelt den Schutz personenbezogener Daten und legt fest, wie Unternehmen diese Daten sammeln, verarbeiten und speichern dürfen. KI-Systeme, die mit großen Datenmengen arbeiten, insbesondere mit personenbezogenen Daten, müssen diese Vorschriften streng einhalten.

Beispiel Ein Unternehmen, das eine KI zur Analyse von Kundendaten verwendet, um personalisierte Angebote zu erstellen, muss sicherstellen, dass die Daten anonymisiert oder mit ausdrücklicher Zustimmung der Nutzer verarbeitet werden. Die DSGVO schreibt vor, dass betroffene Personen klare Informationen darüber erhalten, wie ihre Daten verwendet werden, und das Recht haben, die Löschung ihrer Daten zu verlangen. Die DSGVO stellt sicher, dass der Einsatz von KI den Grundrechten der Bürger entspricht und dass Unternehmen transparent über die Verwendung von Daten sind. Verstöße gegen die DSGVO können zu erheblichen Geldbußen führen, was Unternehmen zwingt, KI-Anwendungen von Anfang an datenschutzkonform zu gestalten.

10.2 Der EU „AI Act": Strikte Regeln für KI in Europa

Neben der DSGVO hat die Europäische Union mit dem „AI Act" den weltweit ersten umfassenden Rechtsrahmen zur Regulierung von Künstlicher Intelligenz (KI) auf den

Weg gebracht. Nach intensiven Verhandlungen soll der AI Act sicherstellen, dass KI-Systeme in der EU verantwortungsvoll, sicher und im Einklang mit europäischen Grundrechten eingesetzt werden. Der AI Act teilt KI-Anwendungen in verschiedene Risikokategorien ein: von minimalen Risiken, die kaum Regulierungsbedarf erfordern, bis hin zu „unzulässigen" und „hochriskanten" Anwendungen. Hochriskante Systeme, wie etwa solche in der Strafverfolgung, im Gesundheitswesen oder beim autonomen Fahren, unterliegen strengen Auflagen, um Transparenz, Sicherheit und den Schutz der Bürgerrechte zu gewährleisten. Unzulässige KI-Anwendungen, wie beispielsweise biometrische Echtzeitüberwachung im öffentlichen Raum, sind hingegen weitgehend verboten.

Beispiel Eine KI, die im Gesundheitssektor verwendet wird, um Diagnosen zu stellen, könnte als „hochriskant" eingestuft werden. Unternehmen, die solche Systeme entwickeln, müssten strengere Auflagen erfüllen, um sicherzustellen, dass die KI fehlerfrei und ohne Diskriminierung arbeitet. Zudem müsste das Unternehmen regelmäßig Auditierungen und Überprüfungen der Systeme durchführen. Mit dem AI Act wird die EU sicherstellen, dass hochriskante KI-Anwendungen den höchsten Standards an Sicherheit und Ethik entsprechen. Auch Unternehmen in Deutschland werden sich an dieses Gesetz halten müssen, wenn sie KI auf europäischem Boden entwickeln oder einsetzen.

10.3 Produkthaftung in Deutschland: Wer haftet, wenn KI versagt?

In Deutschland gibt es klare Regeln zur Produkthaftung, die auch auf KI-Systeme angewendet werden. Das bedeutet, dass Unternehmen, die KI-Produkte oder -Dienstleistungen anbieten, gewährleisten müssen, dass ihre Systeme sicher sind und keine Gefahren für die Nutzer darstellen. Sollte ein KI-System fehlerhafte Entscheidungen treffen oder Schaden verursachen, haftet das Unternehmen. Bei Rechtsgutsverletzungen, die durch fehlerhafte Produkte entstehen, ist es möglich den Hersteller in Anspruch zu nehmen. Dies kann über die sogenannte Produzentenhaftung nach § 823 BGB oder über die Produkthaftung nach dem ProdHaftG geschehen. Beide Ansprüche sind streng voneinander zu unterscheiden, können aber auch nebeneinander bestehen.

Beispiel Ein Hersteller von autonomen Fahrzeugen in Deutschland muss sicherstellen, dass sein KI-gesteuertes System jederzeit sicher fährt und Fußgänger oder andere Verkehrsteilnehmer nicht gefährdet. Sollte es zu einem Unfall kommen, weil die KI einen Fehler gemacht hat, haftet der Hersteller für den entstandenen Schaden. Die Produkthaftung sorgt somit dafür, dass Unternehmen ihre KI-Systeme sorgfältig entwickeln und strenge Sicherheitsstandards einhalten.

10.4 Autonomes Fahren und das Straßenverkehrsgesetz

Ein besonders relevanter Bereich für den Einsatz von KI in Deutschland ist das autonome Fahren. Deutschland ist eines der ersten Länder weltweit, das ein Gesetz zum autonomen Fahren verabschiedet hat. Das Straßenverkehrsgesetz (StVG) legt fest, unter welchen Bedingungen autonome Fahrzeuge in Deutschland betrieben werden dürfen.

Beispiel Wenn ein Unternehmen wie Tesla in Deutschland autonome Fahrzeuge einsetzt, müssen diese Fahrzeuge die strengen Anforderungen des StVG erfüllen. Das Gesetz regelt, welche Verantwortlichkeiten der Fahrer, der Hersteller und die KI tragen. Obwohl das Fahrzeug selbstständig fahren kann, muss der Mensch in bestimmten Situationen immer noch die Kontrolle übernehmen können. Das StVG zeigt, dass der Einsatz von KI im Straßenverkehr eng an rechtliche Vorgaben geknüpft ist, um die Sicherheit im Straßenverkehr zu gewährleisten.

10.5 Mitbestimmung und Arbeitnehmerrechte: KI im Arbeitsrecht

Ein weiterer wichtiger Bereich für den Einsatz von KI in Deutschland ist das Arbeitsrecht. Wenn Unternehmen KI-Systeme zur Überwachung oder Optimierung der Arbeitsleistung einsetzen, müssen sie die Rechte der Arbeitnehmer und die Mitbestimmungsrechte der Betriebsräte beachten.

Beispiel Ein Unternehmen, das KI einsetzt, um die Arbeitszeiten oder die Produktivität der Mitarbeiter zu überwachen, muss sicherstellen, dass diese Überwachungsmethoden transparent sind und den Arbeitnehmern kommuniziert werden. Zudem müssen Betriebsräte in den Prozess einbezogen werden, um sicherzustellen, dass die Rechte der Arbeitnehmer gewahrt bleiben. Die Einführung von KI im Arbeitsalltag erfordert also nicht nur technisches Know-how, sondern auch das Verständnis für die rechtlichen Rahmenbedingungen, die den Schutz der Arbeitnehmer sicherstellen.

10.6 Ethik und Verantwortung: Die Plattform „Lernende Systeme"

In Deutschland gibt es zahlreiche Initiativen, die sich mit den ethischen Fragen rund um KI beschäftigen. Eine der bedeutendsten ist die von der Bundesregierung ins Leben gerufene Plattform „Lernende Systeme" (Lernende Systeme 2025). Diese Initiative entwickelt Richtlinien und Handlungsempfehlungen, wie KI verantwortungsvoll und im Einklang mit ethischen Grundsätzen eingesetzt werden kann. Die Plattform fördert den Dialog zwischen Wissenschaft, Wirtschaft und Politik, um sicherzustellen, dass KI-Systeme nicht nur technologisch führend, sondern auch ethisch vertretbar sind. Unternehmen können diese Leitlinien nutzen, um ihre eigenen KI-Strategien zu überprüfen und sicherzustellen, dass sie den höchsten ethischen Standards entsprechen.

10.7 Verantwortung der Führungskräfte: Ethische Entscheidungen treffen

Führungskräfte in Deutschland und Europa stehen vor der Herausforderung, KI nicht nur effizient, sondern auch verantwortungsvoll einzusetzen. Das bedeutet, dass Unternehmen, die KI entwickeln oder verwenden, sicherstellen müssen, dass ihre Systeme fair, transparent und sicher sind.

Beispiel Ein Unternehmen, das KI zur Personalrekrutierung einsetzt, muss sicherstellen, dass die Algorithmen keine diskriminierenden Muster übernehmen und Frauen oder Minderheiten nicht benachteiligen. Führungskräfte tragen die Verantwortung, KI-Systeme regelmäßig zu überprüfen und sicherzustellen, dass sie ethischen und rechtlichen Standards entsprechen.

10.8 Fazit: Recht und Ethik – Die Basis für verantwortungsvolle Innovation

Als ein großes Finanzunternehmen in Deutschland begann, KI zur Analyse von Kreditwürdigkeit einzusetzen, ahnte niemand, welche Katastrophe bevorstand. Die Algorithmen, die zur Entscheidungsfindung programmiert waren, diskriminierten unbewusst bestimmte Bevölkerungsgruppen. Was als technische Innovation begann, endete in einem Skandal. Das Unternehmen musste Millionen in Entschädigungen zahlen und sein Image erlitt schweren Schaden. Dieser Fall zeigt, wie wichtig ethische Leitlinien sind, bevor KI-Systeme eingesetzt werden. Der Einsatz von Künstlicher Intelligenz in Deutschland und Europa ist an klare rechtliche und ethische Rahmenbedingungen gebunden. Die DSGVO, der kommende AI Act, das Straßenverkehrsgesetz, sowie das Produkthaftungsrecht sorgen dafür, dass KI sicher und verantwortungsvoll eingesetzt wird. Gleichzeitig müssen Unternehmen auch die ethischen Richtlinien beachten, die von Initiativen wie der Plattform „Lernende Systeme" entwickelt werden. Für Unternehmen in Deutschland bedeutet dies, dass sie sich frühzeitig mit den rechtlichen und ethischen Anforderungen auseinandersetzen müssen, um nicht nur rechtliche Risiken zu vermeiden, sondern auch das Vertrauen ihrer Kunden und Mitarbeiter zu gewinnen. Verantwortungsbewusster Umgang mit KI ist nicht nur eine rechtliche Notwendigkeit, sondern auch ein Wettbewerbsvorteil in einer zunehmend digitalisierten Welt.

> **Praxis: Rechtliche Rahmenbedingungen und ethische Richtlinien für den Einsatz von KI in Deutschland und Europa**
>
> **Takeaway:**
>
> Der verantwortungsvolle Einsatz von KI erfordert nicht nur technisches Know-how, sondern auch ein tiefes Verständnis für rechtliche Rahmenbedingungen und ethische Herausforderungen. Unternehmen müssen sicherstellen, dass ihre KI fair und transparent agiert.
>
> **Reflexionsfragen:**
>
> - Welche rechtlichen Anforderungen musst du bei der Einführung von KI in deinem Unternehmen beachten?
> - Wie kannst du sicherstellen, dass deine KI-Systeme ethisch einwandfrei arbeiten?
> - Welche Schritte hast du bereits unternommen, um sicherzustellen, dass deine KI-Daten fair und transparent verwendet werden?
>
> **To-do-Liste:**
>
> 1. Prüfe, ob deine KI-Projekte den aktuellen rechtlichen Vorschriften entsprechen.
> 2. Setze einen internen oder externen Berater ein, der dich bei der Einhaltung von ethischen Richtlinien unterstützt.
> 3. Implementiere eine regelmäßige Überprüfung deiner KI-Daten auf potenzielle Diskriminierung und Bias.

Literatur

Lernende Systeme (2025). https://www.plattform-lernende-systeme.de/startseite.html. Zugegriffen: 25. Februar 2025

11

Technologische Grenzen der KI – Was KI (noch) nicht kann

„Technologie ist ein nützliches Dienerinstrument, aber ein schlechter Meister." (Christian Lous Lange)

In einer Welt, die von technologischen Fortschritten geprägt ist, scheint die Künstliche Intelligenz (KI) als Allheilmittel für viele unserer Herausforderungen. Doch so beeindruckend KI auch ist, sie hat klare Grenzen. Diese Grenzen sind nicht nur technischer Natur – sie betreffen vor allem die Bereiche, in denen der Mensch seine Einzigartigkeit, seine Kreativität und seine Fähigkeit zu ethischen und emotionalen Entscheidungen zum Ausdruck bringt.

11.1 KI und Kreativität – Der Unterschied zwischen Algorithmen und menschlicher Schöpfung

Ein häufiger Mythos ist, dass KI eines Tages so kreativ sein könnte wie der Mensch. Doch hier liegt ein Missverständnis vor: Kreativität ist nicht nur das Erzeugen neuer Kombinationen von Informationen, sondern das Einfühlen in Kontexte, das Verstehen von Emotionen und das Schaffen von Kunstwerken, die tief in die menschliche Erfahrung eingebettet sind.

Beispiel Nehmen wir die Kunst. Eine KI kann zwar Bilder malen oder Musik komponieren, indem sie auf bestehende Daten und Muster zugreift. Doch was sie nicht kann, ist die emotionale Tiefe eines Menschen zu erfassen oder einen kreativen Prozess zu durchlaufen, der auf persönlichen Erfahrungen basiert. Eine KI kann beispielsweise den „Stil" von van Gogh nachahmen, aber sie versteht nicht die inneren Kämpfe, die seine Werke durchdringen.

In der Geschäftswelt mag KI innovative Lösungen vorschlagen, aber sie wird niemals die Fähigkeit eines visionären Unternehmers ersetzen, eine völlig neue Richtung zu denken, basierend auf einem tiefen Verständnis menschlicher Bedürfnisse und gesellschaftlicher Veränderungen.

11.2 Emotionale Intelligenz – Was KI nicht versteht

Emotionale Intelligenz – die Fähigkeit, eigene und fremde Emotionen zu erkennen, zu verstehen und darauf zu reagieren – ist ein Bereich, in dem KI noch lange nicht konkurrenzfähig sein wird. Menschen treffen viele Entscheidungen nicht nur basierend auf Fakten, sondern auf Gefühlen, Intuition und Empathie.

Beispiel In einem Kundengespräch kann eine KI zwar Fakten liefern und präzise Antworten geben, aber sie wird nicht in der Lage sein, die subtile Emotion eines frustrierten Kunden zu erkennen oder die richtige menschliche Geste zu finden, um eine angespannte Situation zu deeskalieren. In Deutschland, wo Kundenservice und persönliche Beratung einen hohen Stellenwert haben, ist es entscheidend, dass Mitarbeiter nicht nur fachlich, sondern auch emotional kompetent sind. Ein Chatbot mag effizient sein, aber er kann die menschliche Wärme und das echte Mitgefühl nicht ersetzen, die in vielen Situationen den Unterschied ausmachen.

11.3 Ethik und moralische Entscheidungen – Hier muss der Mensch Verantwortung übernehmen

KI kann riesige Datenmengen analysieren und Vorschläge machen, aber sie kann keine moralischen Entscheidungen treffen. Ethische Überlegungen basieren auf Werten, die von Gesellschaft zu Gesellschaft unterschiedlich sind und sich ständig weiterentwickeln. Eine Maschine kann diese Werte nicht intuitiv verstehen oder anwenden. Sie agiert streng nach dem, was sie gelernt hat – und das kann gefährlich sein, wenn sie auf verzerrten oder unvollständigen Daten basiert.

Beispiel In Deutschland, einem Land, das großen Wert auf Datenschutz und Privatsphäre legt, ist es entscheidend, dass KI-Systeme ethisch verantwortungsvoll eingesetzt werden. Es ist die Aufgabe von Führungskräften und Entscheidungsträgern, sicherzustellen, dass KI so programmiert wird, dass sie diese Werte respektiert. Dies erfordert einen klaren ethischen Kompass und die Bereitschaft, technologischen Fortschritt nicht um jeden Preis zu verfolgen. Hier zeigt sich, dass es keine technologische Lösung für moralische Dilemmata gibt. Ob es um die Einführung von Überwachungs-KI oder die Nutzung von Algorithmen in der Justiz geht: Es sind Menschen, die letztlich die Verantwortung für die Entscheidungen tragen, die KI vorschlägt oder ermöglicht.

11.4 Soziale Interaktionen – Der menschliche Faktor bleibt entscheidend

KI kann viele Aufgaben übernehmen, die für den Menschen zu zeitaufwendig oder komplex sind. Doch wenn es um den Aufbau von Vertrauen, das Schaffen von Beziehungen und den Austausch auf persönlicher Ebene geht, bleibt der Mensch unersetzlich.

Beispiel In Deutschland, wo persönliche Beratung und der Aufbau von langfristigen Kundenbeziehungen zentrale Bestandteile vieler Geschäftsmodelle sind, kann KI zwar unterstützen, aber niemals das menschliche Element vollständig ersetzen. In einem Beratungsgespräch über eine komplizierte Lebensversicherung oder bei einer ärztlichen Diagnose wird der persönliche Kontakt zum Berater oder Arzt immer wichtiger bleiben als die nüchterne Information durch eine Maschine. Auch im beruflichen Kontext, etwa bei der Zusammenarbeit in Teams, sind es oft die zwischenmenschlichen Feinheiten – das Einfühlungsvermögen, der Humor oder das Vertrauen – die den Unterschied ausmachen. KI mag in der Lage sein, Aufgaben zu koordinieren, aber die soziale Dynamik, die ein Team zusammenhält, kann sie nicht nachbilden.

11.5 Fazit: KI als Ergänzung, nicht als Ersatz

Die Grenzen der KI zeigen uns, dass Menschlichkeit im digitalen Zeitalter unverzichtbar bleibt. Kreativität, emotionale Intelligenz, ethische Entscheidungen und soziale Interaktionen – all diese Bereiche sind fest in der menschlichen Erfahrung verankert. Es wäre falsch, zu glauben, dass KI uns in diesen Bereichen irgendwann ersetzen könnte. Die Herausforderung für Unternehmen, insbesondere in Deutschland, besteht darin, die Stärken der KI zu nutzen, ohne die menschliche Komponente zu vernachlässigen. KI kann uns unterstützen, effizienter und präziser zu arbeiten, aber sie kann keine zwischenmenschlichen Beziehungen aufbauen oder ethische Entscheidungen treffen. Führungskräfte, die in der Lage sind, diese Balance zu wahren, werden die wahre Stärke der KI entdecken: Sie ist ein Werkzeug, das uns als Menschen ergänzen und entlasten kann – aber die Verantwortung, diese Technologie richtig zu nutzen, bleibt fest in menschlicher Hand.

> **Praxis: Technologische Grenzen der KI – Was KI (noch) nicht kann**
>
> **Takeaway:**
> KI hat immense Potenziale, aber es gibt klare technologische und ethische Grenzen, die wir nicht übersehen dürfen. KI kann den Menschen ergänzen, aber sie kann ihn nicht ersetzen – vor allem nicht in kreativen und zwischenmenschlichen Bereichen.

12
Kulturelle Unterschiede und globale Perspektiven auf KI – Eine Welt der Vielfalt

Künstliche Intelligenz (KI) ist eine globale Technologie, die Grenzen überwindet und in verschiedenen Ländern und Kulturen auf unterschiedliche Weise angewendet wird. Doch wie bei jeder technologischen Revolution spielen auch hier kulturelle Unterschiede eine entscheidende Rolle. KI mag universell sein, aber die Art und Weise, wie sie genutzt und verstanden wird, ist stark von lokalen Traditionen, Werten und politischen Rahmenbedingungen geprägt.

12.1 Unterschiedliche Ansätze: Der Westen und China im Vergleich

Ein zentraler Unterschied in der globalen Perspektive auf KI zeigt sich im Vergleich zwischen dem Westen, insbesondere Europa und den USA, und China. Während westliche Nationen großen Wert auf ethische Standards, Datenschutz und die Wahrung der Privatsphäre legen, verfolgt China eine pragmatischere, oft utilitaristische Haltung gegenüber KI.

Beispiel In Deutschland wird der Einsatz von KI streng reguliert, insbesondere wenn es um den Datenschutz geht. Die Datenschutz-Grundverordnung (DSGVO) setzt klare Grenzen dafür, wie personenbezogene Daten gesammelt und genutzt werden dürfen. Unternehmen, die KI einsetzen, müssen sicherstellen, dass sie die Privatsphäre der Bürger respektieren und transparent darlegen, wie ihre Algorithmen funktionieren. Dies zeigt, dass in Europa der Schutz der Individualrechte eine zentrale Rolle spielt. In China hingegen wird KI häufig als Werkzeug zur Überwachung und Kontrolle eingesetzt. Das Land hat das sogenannte „Sozialkreditsystem" eingeführt, in dem Bürger anhand ihres Verhaltens bewertet werden. Die Regierung nutzt KI, um riesige Datenmengen zu analysieren und Verhaltensmuster zu überwachen. Während dieser Ansatz effizient ist und als Mittel zur Verbesserung der öffentlichen Sicherheit betrachtet wird, gibt es Bedenken hinsichtlich der Privatsphäre und der individuellen Freiheit (Grzanna, M., 9. August 2023; Spiegel.de, 7.11.2018). Dieser Gegensatz verdeutlicht, wie kulturelle und politische Rahmenbedingungen die Art und Weise beeinflussen, wie KI eingesetzt wird. Während der Westen stärker auf den Schutz individueller Freiheiten bedacht ist, priorisiert China Effizienz und Kontrolle.

12.2 Ethische Überlegungen und der Einfluss von Werten

Kulturelle Werte beeinflussen auch die ethischen Standards, die an KI-Systeme angelegt werden. Während in westlichen Ländern ethische Überlegungen oft im Mittelpunkt der Diskussion stehen, spielt dieser Aspekt in anderen Teilen der Welt eine geringere Rolle.

Beispiel In Deutschland und vielen anderen europäischen Ländern ist die Diskussion über die ethischen Grenzen der KI allgegenwärtig. Es gibt zahlreiche Debatten darüber, wie KI verantwortungsvoll genutzt werden kann, um Diskriminierung zu vermeiden und sicherzustellen, dass technologische Fortschritte dem Gemeinwohl dienen. Diese ethischen Bedenken haben dazu geführt, dass Regierungen, Unternehmen und Institutionen verstärkt in Ethikkommissionen und Richtlinien für den Einsatz von KI investieren. In Ländern wie Indien oder Brasilien stehen hingegen eher pragmatische Aspekte im Vordergrund (ÖAW, 8.11.2022; McKinsey & Company, 29.11.2018). Hier wird KI vor allem als Werkzeug zur Lösung dringender Probleme wie Armut, Bildung und Gesundheitsversorgung betrachtet. In diesen Regionen geht es oft weniger um die Frage, ob KI ethisch vertretbar ist, sondern darum, wie sie eingesetzt werden kann, um das Leben der Menschen zu verbessern. Diese unterschiedlichen Ansätze zeigen, dass es keine universelle Lösung für den ethischen Einsatz von KI gibt. Vielmehr hängt die Art und Weise, wie KI genutzt wird, von den lokalen Bedürfnissen und Werten ab.

12.3 Die Rolle von Regulierung und Gesetzen

Ein weiterer wichtiger Faktor bei der globalen Betrachtung von KI ist die Regulierung. Während in Europa strenge Gesetze den Einsatz von KI regeln, sind viele andere Regionen der Welt noch dabei, entsprechende gesetzliche Rahmenbedingungen zu schaffen.

In den USA hingegen ist der Ansatz lockerer (Sebisch, 4.11.2024). Hier dominieren große Technologieunternehmen wie Google, Facebook und Amazon den KI-Sektor, und die Regierung greift nur minimal in die Regulierung ein. Die Folge ist eine schnellere Entwicklung, aber auch eine größere Unsicherheit in Bezug auf den ethischen Umgang mit KI. In Entwicklungsländern wie Nigeria oder Kenia fehlt es oft an den Ressourcen, um umfassende Regulierungen für den Einsatz von KI zu entwickeln. In diesen Ländern geht es vor allem darum, technologische Lösungen schnell zu implementieren, um den wirtschaftlichen Rückstand aufzuholen. Die rechtlichen Rahmenbedingungen werden oft erst im Nachhinein geschaffen. Diese Unterschiede zeigen, dass der rechtliche Umgang mit KI stark von den Prioritäten und der technologischen Entwicklung der einzelnen Länder abhängt.

12.4 Technologischer Fortschritt und Menschlichkeit – Ein Balanceakt

Trotz all der kulturellen und rechtlichen Unterschiede gibt es eine universelle Herausforderung, die alle Länder gleichermaßen betrifft und sie lautet: Wie schaffen wir es, die Vorteile der KI zu nutzen, ohne dabei unsere Menschlichkeit zu verlieren? In Deutschland spielt die Frage der Menschlichkeit eine zentrale Rolle in der Diskussion über den Einsatz von KI. Unternehmen und Politiker sind sich bewusst, dass KI zwar viele Prozesse effizienter machen kann, dass sie aber niemals den menschlichen Aspekt ersetzen darf. Kunden und Mitarbeiter erwarten, dass Unternehmen trotz der Automatisierung durch KI menschlich und empathisch bleiben.

Beispiel In der Gesundheitsbranche wird KI zunehmend eingesetzt, um Diagnosen zu stellen oder Behandlungspläne zu optimieren. Doch selbst wenn die Technologie den Ärzten hilft, effizientere Entscheidungen zu treffen, bleibt die menschliche Komponente – das Gespräch mit dem Patienten, das Verstehen von Sorgen und Ängsten – unverzichtbar. In Deutschland gibt es zahlreiche Bestrebungen, die menschliche Komponente auch in einer zunehmend automatisierten Welt zu erhalten.

12.5 Fazit: Eine globale Herausforderung mit lokalen Antworten

Die KI hat das Potenzial, unsere Welt grundlegend zu verändern, doch die Art und Weise, wie wir diese Veränderung gestalten, hängt stark von kulturellen und regionalen Unterschieden ab. Während in einigen Ländern Effizienz und Kontrolle im Vordergrund stehen, liegt in anderen der Fokus auf ethischen Überlegungen und dem Schutz der Individualrechte. Der entscheidende Punkt ist, dass KI nicht losgelöst von den Menschen funktioniert, die sie einsetzen. Ihre Entwicklung und Nutzung müssen in den jeweiligen kulturellen, politischen und sozialen Kontext eingebettet sein. Dies ist der Schlüssel, um sicherzustellen, dass KI uns nicht entfremdet, sondern uns dabei hilft, eine gerechtere, menschlichere und vielfältigere Welt zu gestalten. In einer globalisierten Welt ist es wichtiger denn je, über den eigenen kulturellen Tellerrand hinauszublicken und von den Erfahrungen anderer Länder zu lernen. Nur so können wir sicherstellen, dass die Künstliche Intelligenz als Werkzeug genutzt wird, um globale Herausforderungen zu bewältigen, ohne dabei die Vielfalt und Menschlichkeit unserer Welt zu opfern.

> **Praxis: Kulturelle Unterschiede und globale Perspektiven auf KI – Eine Welt der Vielfalt**
>
> **Takeaway:**
> Die Entwicklung und Anwendung von KI ist stark von kulturellen und regionalen Unterschieden geprägt. Unternehmen, die die globale Vielfalt verstehen und nutzen, können mit KI innovative Lösungen schaffen, die wirklich global relevant sind.

Literatur

Grzanna, M. (9.8.2023) Wie KI in China der Überwachung und Manipulation dient. https://table.media/china/analyse/wie-ki-in-china-der-verletzung-von-menschenrechten-dient/. Zugegriffen: 25. Februar 2025

Spiegel.de (7.11.2018). Künstliche Intelligenz soll Menschen am Gang erkennen. https://www.spiegel.de/netzwelt/netzpolitik/china-kuenstliche-intelligenz-erkennt-menschen-an-ihrem-gang-a-1237157.html. Zugegriffen: 25. Februar 2025

ÖAW (8.11.2022). Kann Künstliche Intelligenz wachsender Ungleichheit entgegenwirken? https://www.oeaw.ac.at/detail/news/kann-kuenstliche-intelligenz-wachsender-ungleichheit-entgegenwirken. Zugegriffen: 25. Februar 2025

McKinsey & Company (29.11.2018). Wie künstliche Intelligenz Armut bekämpfen kann. https://www.mckinsey.com/de/news/presse/2018-11-29%2D%2D-mgi-ai-for-social-good. Zugegriffen: 25. Februar 2025

Sebisch, J. (4.11.2024). Regulierung von KI in den USA. https://www.gtai.de/de/trade/usa/recht/regulierung-von-ki-in-den-usa-1832964. Zugegriffen: 25. Februar 2025

13

KI und Nachhaltigkeit – Wie KI den Planeten retten kann

Der Klimawandel und die Zerstörung der natürlichen Ressourcen gehören zu den größten Herausforderungen unserer Zeit. Regierungen, Unternehmen und Privatpersonen suchen nach Wegen, um diese globalen Krisen zu bewältigen. Künstliche Intelligenz (KI) bietet uns eine Vielzahl von Werkzeugen, um diese Herausforderungen anzugehen, doch die Frage bleibt: Können wir KI so nutzen, dass sie uns hilft, unseren Planeten zu retten, ohne dabei neue Probleme zu schaffen?

13.1 KI als Werkzeug für die Reduktion von Emissionen

Einer der bedeutendsten Beiträge, den KI zur Nachhaltigkeit leisten kann, liegt in der Reduktion von CO_2-Emissionen. KI-Systeme sind in der Lage, riesige Datenmengen zu analysieren und so effizientere Lösungen für den Energieverbrauch, den Transport und die Produktion zu finden.

Beispiel In Deutschland arbeitet der Energiekonzern E. ON mit KI-Systemen, um den Energieverbrauch seiner Kunden zu optimieren (EON.com 2025). Die KI analysiert Verbrauchsdaten in Echtzeit und schlägt den Kunden individuelle Maßnahmen zur Energieeinsparung vor. Gleichzeitig kann sie den Energiebedarf vorhersagen und so die Netzstabilität verbessern, indem sie die Verteilung von Strom aus erneuerbaren Energien wie Wind- und Solarkraft optimiert.

Beispiel Unternehmen wie DHL nutzen KI, um den Transport von Waren effizienter zu gestalten (DHL.com 2025; DHL Group 16.4.2018). Durch die Analyse von Verkehrs- und Wetterdaten kann KI dabei helfen, Routen zu optimieren, den Kraftstoffverbrauch zu senken und die Emissionen zu reduzieren. So trägt KI direkt zur Bekämpfung des Klimawandels bei, indem sie die Effizienz erhöht und unnötige Umweltbelastungen minimiert.

13.2 Präzisionslandwirtschaft – Mehr Ertrag bei weniger Ressourcenverbrauch

Ein weiterer Bereich, in dem KI das Potenzial hat, den Planeten zu schonen, ist die Landwirtschaft. Der traditionelle landwirtschaftliche Ansatz war oft ressourcenintensiv, was zu Bodenerschöpfung, Wasserknappheit und dem Einsatz von schädlichen Chemikalien führte. KI ermöglicht es, die Landwirtschaft effizienter und nachhaltiger zu gestalten.

Beispiel In Deutschland setzt das Start-up FarmBot KI-basierte Systeme ein, um die Landwirtschaft zu revolutionieren (Gruber 1.11.2016). Sensoren erfassen in Echtzeit Daten über den Boden, das Wetter und den Zustand der Pflanzen. Die KI wertet diese Daten aus und gibt genaue Empfehlungen, wann und wie bewässert oder gedüngt werden soll. Das Ergebnis: weniger Wasserverbrauch, weniger Einsatz von Pestiziden und Düngemitteln und gleichzeitig höhere Erträge. Dieser Ansatz wird als „Präzisionslandwirtschaft" bezeichnet (STOA Europäisches Parlament 2016). Er zeigt, wie KI dazu beitragen kann, die Weltbevölkerung effizienter zu ernähren, ohne dabei die Umwelt weiter zu belasten. Anstatt auf Massenproduktion zu setzen, die Ressourcen erschöpft, ermöglicht KI eine gezielte und umweltschonende Nutzung von Ressourcen.

13.3 Umweltüberwachung und Frühwarnsysteme

KI kann auch dazu beitragen, unsere Umwelt besser zu überwachen und auf Bedrohungen schneller zu reagieren. Durch den Einsatz von KI-gesteuerten Satelliten, Drohnen und Sensoren können Umweltdaten in Echtzeit erfasst und ausgewertet werden. So können beispielsweise Waldbrände, illegale Abholzung oder der Rückgang von Arten frühzeitig erkannt und Gegenmaßnahmen eingeleitet werden.

Beispiel In den Wäldern des Amazonas wird KI eingesetzt, um illegale Rodungen und Abholzungen zu überwachen (Ostermann. 9.4.2024). Satellitenbilder werden von KI-Systemen analysiert, die Muster von Abholzung erkennen können, die für das menschliche Auge schwer erkennbar wären. Diese Daten ermöglichen es den Behörden, schneller und gezielter einzugreifen, um den Raubbau an den

Wäldern zu stoppen. Auch im Bereich der Klimaforschung hilft KI dabei, komplexe Klimamodelle zu erstellen und mögliche Szenarien zu simulieren. Auf diese Weise können Wissenschaftler den Anstieg des Meeresspiegels, die Häufigkeit von extremen Wetterereignissen oder den Verlust von Biodiversität besser vorhersagen und politische Entscheidungsträger auf potenzielle Risiken hinweisen.

13.4 Recycling und Kreislaufwirtschaft – KI für eine nachhaltige Produktion

Eine der großen Herausforderungen der modernen Gesellschaft ist die Menge an Abfall, die wir produzieren. KI kann dazu beitragen, die Effizienz des Recyclings zu verbessern und den Übergang zu einer Kreislaufwirtschaft zu fördern, in der Produkte und Materialien wiederverwertet werden, anstatt auf Deponien zu landen.

Beispiel REMONDIS ist ein international tätiges deutsches Unternehmen mit Hauptsitz in Lünen, spezialisiert auf Recycling, Wasserwirtschaft sowie industrielle und kommunale Dienstleistungen (Remondis.de 2025). Mit über 1000 Standorten in mehr als 30 Ländern zählt REMONDIS zu den weltweit führenden Unternehmen im Bereich Recycling und Ressourcenmanagement und setzt auf modernste Technologien, um die Effizienz und Qualität seiner Recyclingprozesse zu steigern. Obwohl spezifische Informationen über den Einsatz von KI im Kunststoffrecycling bei REMONDIS nicht öffentlich verfügbar sind, ist bekannt, dass das Unternehmen kontinuierlich innovative Verfahren entwickelt und implementiert.

Die Initiative Frosch setzt auf den Einsatz von KI, um den Recyclingprozess effizienter und effektiver zu gestalten. Ein zentrales Anwendungsgebiet ist die automatisierte Sortierung von Abfällen. Hierbei kommen KI-gestützte Systeme mit Kameras und Sensoren zum Einsatz, die verschiedene Materialien wie Plastik, Papier oder Metall erkennen und unterscheiden können. Diese Technologie ermöglicht es sogar, unterschiedliche Kunststoffarten voneinander zu trennen, was die Qualität des Recyclings erheblich verbessert.

13.5 Die Grenzen von KI im Kampf gegen den Klimawandel

So vielversprechend KI auch sein mag – sie ist kein Wundermittel. KI kann uns helfen, effizienter zu arbeiten, Daten besser zu nutzen und Lösungen für komplexe Probleme zu finden, aber sie kann den Klimawandel nicht allein stoppen. Es ist wichtig, dass wir KI als Werkzeug verstehen und uns bewusst machen, dass technologische Innovationen nur einen Teil der Lösung darstellen. Ein weiteres Problem ist der Energieverbrauch von KI selbst. KI-Systeme, insbesondere große maschinelle Lernmodelle, benötigen enorme Mengen an Rechenleistung und verbrauchen dadurch viel Energie. Die Rechenzentren, in denen diese Systeme betrieben werden, tragen selbst zur Erhöhung der CO_2-Emissionen bei. Es ist daher von entscheidender Bedeutung, dass die Entwicklung und Nutzung von KI ebenfalls auf Nachhaltigkeit ausgerichtet ist.

Beispiel Google hat erkannt, dass der Energieverbrauch seiner KI-Rechenzentren ein Problem darstellt, und setzt KI ein, um die Effizienz seiner Rechenzentren zu optimieren. Durch maschinelles Lernen kann der Energieverbrauch dieser Rechenzentren um bis zu 40 % gesenkt werden (Walk 1.10.2024). Dies zeigt, dass KI auch dazu verwendet werden kann, sich selbst effizienter zu machen, wenn wir uns der Problematik bewusst sind.

13.6 Fazit: KI als Teil einer nachhaltigen Zukunft

KI hat das Potenzial, einen großen Beitrag zur Lösung unserer Umweltprobleme zu leisten, aber sie ist nur ein Teil eines größeren Puzzles. Nachhaltigkeit erfordert ein Umdenken in allen Bereichen unseres Lebens – von der Art, wie wir produzieren und konsumieren, bis hin zu den politischen Entscheidungen, die wir treffen. Technologie allein kann den Klimawandel nicht stoppen, aber sie kann uns helfen, unsere Ressourcen besser zu nutzen, effizienter zu arbeiten und schneller auf Umweltbedrohungen zu reagieren. Entscheidend ist, dass wir KI verantwortungsbewusst und nachhaltig einsetzen. Die Verbindung von KI mit Menschlichkeit und ethischen Überlegungen wird der Schlüssel sein, um die Zukunft unseres Planeten zu sichern. Unternehmen, Regierungen und Einzelpersonen müssen zusammenarbeiten, um sicherzustellen, dass KI nicht nur wirtschaftlichen Nutzen bringt, sondern auch den ökologischen und sozialen Herausforderungen gerecht wird. Wenn wir es schaffen, diese Technologie in den Dienst der Nachhaltigkeit zu stellen, können wir den Planeten nicht nur retten, sondern auch eine bessere, gerechtere Zukunft für alle schaffen.

> **Praxis: KI und Nachhaltigkeit – Wie KI den Planeten retten kann**
>
> **Takeaway:**
> KI kann ein mächtiges Werkzeug im Kampf gegen den Klimawandel sein. Unternehmen sollten KI einsetzen, um nachhaltige Lösungen zu entwickeln und gleichzeitig ihre ökologische Verantwortung wahrzunehmen.

> **Reflexionsfragen:**
> - Inwiefern nutzt dein Unternehmen bereits KI, um nachhaltiger zu werden?
> - Welche Umweltherausforderungen in deinem Geschäftsumfeld könnten durch KI verbessert werden?
> - Wie kannst du KI und andere Technologien nutzen, um deinen ökologischen Fußabdruck zu reduzieren?
>
> **To-do-Liste:**
> 1. Identifiziere mindestens einen Prozess in deinem Unternehmen, den du mit KI nachhaltiger gestalten kannst.
> 2. Entwickle eine langfristige Strategie, um KI in den Bereichen Umwelt- und Klimaschutz zu integrieren.
> 3. Führe eine Bestandsaufnahme deiner bisherigen Nachhaltigkeitsmaßnahmen durch und überprüfe, wo KI unterstützen könnte.

Literatur

EON.com (2025). Künstliche Intelligenz in der E.ON Group Innovation: Die neue Welt der erneuerbaren Energien gestalten. https://www.eon.com/de/innovation/kuenstliche-intelligenz.html. Zugegriffen: 25. Februar 2025

DHL.com (2025). Generative KI: Antworten auf häufig gestellte Fragen. https://group.dhl.com/de/stories/digitalisierung/generative-ki-antworten-auf-haeufig-gestellte-fragen.html. Zugegriffen: 25. Februar 2025

DHL Group (16.4.2018). DHL und IBM setzen auf künstliche Intelligenz in der Logistik. https://group.dhl.com/de/presse/pressemitteilungen/2018/dhl-und-ibm-setzen-auf-kuenstliche-intelligenz-in-logistik.html. Zugegriffen: 25. Februar 2025

Gruber, H. (1.11.2016). FarmBot – der OpenSource Gartenroboter. https://baubiologie.at/strohballenbau/farmbot/. Zugegriffen: 25. Februar 2025

STOA Europäisches Parlament (2016). https://www.europarl.europa.eu/RegData/etudes/STUD/2016/581892/EPRS_STU(2016)581892_DE.pdf. Zugegriffen: 25. Februar 2025

Ostermann, L. (9.4.2024). Wie eine KI den Bergbau im Amazonas überwacht. https://futurium.de/de/blog/amazon-mining-watch

Remondis.de (2025). https://www.remondis.de/startseite/. Zugegriffen: 25. Februar 2025

Walk, W. (1.10.2024). Nachhaltige KI-Rechenzentren: Die Zukunft der Energieeffizienz. https://www.techzeitgeist.de/nachhaltige-ki-rechenzentren-die-zukunft-der-energieeffizienz/ Zugegriffen: 25. Februar 2025

14

Zukunft der Bildung – KI als Treiber für individuelle Lernwege

Die Zukunft der Bildung steht vor einem tiefgreifenden Wandel. In einer Welt, die zunehmend von Künstlicher Intelligenz (KI) geprägt wird, stellt sich die Frage, ob das bestehende Bildungssystem noch in der Lage ist, die Anforderungen der modernen Gesellschaft zu erfüllen. Das klassische Modell, das in vielen Ländern noch immer vorherrscht, ist auf eine Welt ausgerichtet, die es so nicht mehr gibt – eine Welt, in der standardisierte, eintönige Aufgaben das Fundament des Arbeitsmarktes bildeten. Heute jedoch sind es kreative Problemlösungen, emotionale Intelligenz und kritisches Denken, die zunehmend gefragt sind. Diese Fähigkeiten zu fördern und jedem Lernenden individuelle Entwicklungsmöglichkeiten zu bieten, stellt die zentrale Herausforderung dar.

14.1 Warum das aktuelle Bildungssystem in Zeiten von KI versagt

Das derzeitige Bildungssystem, das in den meisten Ländern, einschließlich Deutschland, vorherrscht, ist ein Relikt des Industriezeitalters. Es basiert auf einer Struktur, die entwickelt wurde, um Arbeiter für die Massenproduktion und standardisierte Aufgaben vorzubereiten. Schüler lernen in starren, uniformen Klassen, werden nach einem festen Lehrplan unterrichtet und erhalten standardisierte Prüfungen. Die Individualität der Schüler, ihre unterschiedlichen Stärken, Lernstile und Interessen werden oft ignoriert. Stattdessen wird jeder dazu gezwungen, sich in ein Einheitsmodell einzufügen, unabhängig von seinen persönlichen Bedürfnissen oder Fähigkeiten. Dieses System ist nicht nur überholt, sondern auch tief unmenschlich. Es behandelt Schüler nicht als Individuen, sondern als homogene Masse, die darauf trainiert wird, vorgegebene Aufgaben zu erfüllen, anstatt ihre eigenen Potenziale zu entfalten. Kreativität, kritisches Denken und individuelle Lernwege bleiben auf der Strecke, weil das System starr an traditionellen Strukturen festhält. Die Realität ist jedoch, dass die Anforderungen an die Arbeitswelt – und damit an die Bildung – sich in den letzten Jahrzehnten drastisch verändert haben, und mit dem Aufkommen von Künstlicher Intelligenz (KI) wird dieses Ungleichgewicht noch deutlicher. Die Schule als Ort der Wissensvermittlung mag im 19. und 20. Jahrhundert funktioniert haben, als das Ziel war, disziplinierte und einheitlich ausgebildete Arbeitskräfte hervorzubringen. Doch in der heutigen Zeit, in der KI repetitive Aufgaben effizienter erledigen kann als jeder Mensch, wird deutlich, dass wir Fähigkeiten brauchen, die über das reine Auswendiglernen und mechanische Arbeiten hinausgehen. Das derzeitige Bildungssystem ist nicht darauf ausgelegt, diese neuen

Fähigkeiten – wie Kreativität, emotionale Intelligenz und Problemlösungskompetenz – zu fördern.

14.2 Das Bildungssystem ist nicht menschengerecht

Neben den offensichtlichen strukturellen Mängeln ist das derzeitige Bildungssystem auch in seiner menschlichen Dimension problematisch. Es basiert auf einer ständigen Bewertung durch Noten, die Schüler oft in Kategorien von „gut" oder „schlecht" einteilt. Dabei wird übersehen, dass Lernen ein individueller Prozess ist, der nicht nur von intellektuellen Fähigkeiten, sondern auch von emotionalen und sozialen Faktoren beeinflusst wird. Die Fixierung auf Prüfungen und Bewertungen führt dazu, dass viele Schüler unter enormem Druck stehen und ihre Motivation am Lernen verlieren. Das System vernachlässigt zudem die menschlichen Bedürfnisse nach Kreativität, sozialem Austausch und emotionaler Unterstützung. Es vermittelt das Gefühl, dass Erfolg nur durch Anpassung und das Befolgen starrer Regeln erreicht werden kann. Doch Menschen sind keine Maschinen, die in standardisierte Prozesse gepresst werden können. Jeder Mensch lernt anders, und jeder Mensch hat das Bedürfnis nach einer Lernumgebung, die seine individuellen Talente und Interessen berücksichtigt. In Zeiten von KI, wo Maschinen Aufgaben wie Berechnungen, Datenanalysen und sogar grundlegende Entscheidungen übernehmen können, wird deutlich, dass das derzeitige Bildungssystem den Menschen nicht in den Mittelpunkt stellt. Es lehrt Fakten, anstatt Fähigkeiten. Es bewertet Leistung, anstatt Potenziale zu fördern. Es ignoriert die emotionalen und kreativen Bedürfnisse der Schüler und bereitet sie nicht ausreichend auf die komplexen Herausforderungen der modernen Welt vor.

14.3 Die Chancen durch KI: Bildung neu denken

Die Einführung von KI in die Bildung bietet die Chance, dieses veraltete System zu überwinden und eine Lernumgebung zu schaffen, die wirklich menschengerecht ist. Mit KI können wir das Lernen individualisieren, das heißt, auf die Bedürfnisse, Stärken und Schwächen jedes einzelnen Schülers eingehen. Statt alle Schüler nach einem starren Lehrplan zu unterrichten, kann KI personalisierte Lernpfade entwickeln, die den individuellen Fortschritt berücksichtigen.Beispiel
In Deutschland wird bereits an Projekten wie bettermarks (https://de.bettermarks.com/) gearbeitet, die auf KI basieren und es ermöglichen, den Lernprozess individuell anzupassen. Schüler erhalten gezielte Übungen, die ihre Schwächen adressieren und ihnen ermöglichen, in ihrem eigenen Tempo voranzukommen. Das ist der erste Schritt zu einem Bildungssystem, das den Menschen in den Mittelpunkt stellt und nicht die Struktur. Ein weiterer Vorteil von KI ist die Möglichkeit, den Zugang zu Bildung zu demokratisieren. Menschen mit unterschiedlichen Voraussetzungen – sei es aufgrund von Lernschwierigkeiten, physischen Beeinträchtigungen oder sozialer Herkunft – können von KI-gestützten Lernplattformen profitieren, die ihnen maßgeschneiderte Unterstützung bieten.

14.4 KI als Lernassistent: Unterstützung statt Kontrolle

Virtuelle Lehrassistenten, die auf KI basieren, bieten eine neue Art der Unterstützung im Lernprozess. Anders als das klassische Modell, bei dem Lehrer der zentrale Wissensvermittler ist, können virtuelle Assistenten den Lernenden helfen, jederzeit auf Lernmaterial zuzugreifen und Fragen zu stellen. Dies entlastet die Lehrkräfte und gibt ihnen die Möglichkeit, sich stärker auf die persönliche Entwicklung ihrer Schüler zu konzentrieren.

Beispiel Auf Plattformen wie Coursera (https://www.coursera.org/) und educaite wird KI genutzt, um den Lernfortschritt zu analysieren und gezielte Empfehlungen zu geben, welche Kurse und Lernmaterialien am besten zum jeweiligen Wissensstand passen (Lukow, 10. Mai 2024). Die Rolle der Lehrenden wandelt sich dadurch von der reinen Wissensvermittlung hin zum Coach, der die Lernenden bei ihrer individuellen Entwicklung unterstützt.

14.5 Inklusion und Barrierefreiheit: Bildung für alle

Eine der größten Stärken von KI im Bildungssystem ist die Möglichkeit, Barrieren abzubauen. Menschen mit Behinderungen oder besonderen Lernanforderungen haben oft Schwierigkeiten, im traditionellen System mitzuhalten. KI kann maßgeschneiderte Lösungen bieten, um Bildung inklusiver und gerechter zu gestalten.

Beispiel Teachino (https://www.teachino.io/) ist eine digitale Plattform, die Lehrkräfte dabei unterstützt, ihren Unterricht effizient zu planen. Sie bietet eine benutzerfreundliche Oberfläche, mit der Unterrichtseinheiten strukturiert erstellt, angepasst und organisiert werden können. Die Plattform ermöglicht es, Lehrpläne zu verwalten, Unterrichtsmaterialien zu speichern und individuelle Stundenabläufe zu erstellen. Teachino kann dadurch helfen, Zeit bei der Unterrichtsvorbereitung zu sparen und den Überblick über verschiedene Klassen und Fächer zu behalten.

14.6 Die Rolle der Lehrkräfte: Von der Wissensvermittlung zur Begleitung

Trotz der technologischen Fortschritte, die KI mit sich bringt, wird die Rolle der Lehrkräfte auch in Zukunft unverzichtbar bleiben. Lehrkräfte werden sich jedoch stärker auf die menschlichen Aspekte des Lernens konzentrieren müssen – auf die Vermittlung von Werten, Empathie und kritischem Denken. KI kann Daten analysieren und personalisierte Lernpläne erstellen, aber es sind die Lehrenden, die den Schülern helfen, diese Lernwege sinnvoll zu nutzen. Lehrkräfte werden in der Zukunft eher als Mentoren und Coaches fungieren, die den Einsatz von KI lenken und sicherstellen, dass die Technologie unterstützend und nicht kontrollierend wirkt. Sie werden den Schülern beibringen, wie man die von KI bereitgestellten Informationen kritisch hinterfragt und eigenständig anwendet.

14.7 Fazit: Eine neue Ära der Bildung

Das derzeitige Bildungssystem ist in seiner Struktur und Ausrichtung veraltet und kann den Anforderungen der modernen Welt, insbesondere in Zeiten von Künstlicher Intelligenz, nicht mehr gerecht werden. Es behandelt Menschen wie Maschinen, zwingt sie in starre Prozesse und ignoriert ihre individuellen Bedürfnisse. Mit der Integration von KI haben wir die Chance, dieses System zu reformieren und eine Bildungslandschaft zu schaffen, die wirklich menschengerecht ist. KI ermöglicht es, das Lernen zu individualisieren, Barrieren abzubauen und Bildung für alle zugänglich zu machen. Doch bei all den technologischen Fortschritten darf nicht vergessen werden, dass Bildung in erster Linie eine zutiefst menschliche Erfahrung ist. Die Zukunft der Bildung liegt nicht nur in der Technologie, sondern in der Balance zwischen menschlicher Empathie und technologischer Unterstützung.

> **Praxis: Zukunft der Bildung – KI als Treiber für individuelle Lernwege**
>
> **Takeaway:**
> Das Bildungssystem muss sich radikal verändern, um mit den Anforderungen der KI-Zeit Schritt zu halten. KI ermöglicht personalisiertes Lernen und unterstützt Lehrkräfte darin, Schüler auf individuelle Weise zu fördern und zu begleiten.
>
> **Reflexionsfragen:**
>
> - Wie bereitest du dich persönlich oder dein Unternehmen auf die Veränderung des Bildungssystems durch KI vor?
> - Welche Fähigkeiten müssen in deinem Team oder Unternehmen gestärkt werden, um den Anforderungen der Zukunft gerecht zu werden?
> - Wie kannst du KI in der Weiterbildung deiner Mitarbeiter sinnvoll integrieren?
>
> **To-do-Liste:**
>
> 1. Identifiziere Schulungsprogramme, die von KI unterstützt werden und auf die Bedürfnisse deines Unternehmens zugeschnitten sind.
> 2. Setze regelmäßige Weiterbildungen an, um dein Team auf die digitalen Herausforderungen vorzubereiten.
> 3. Entwickle eine Strategie, wie du individuelle Lernwege für deine Mitarbeiter durch KI fördern kannst.

Literatur

Lukow, A. (10.5.2024). Künstliche Intelligenz in der Bildung: Wie KI das Lernen revolutioniert. https://educaite.de/blogs/kunstliche-intelligenz/kunstliche-intelligenz-in-der-bildung-wie-ki-das-lernen-revolutioniert. Zugegriffen: 25. Februar 2025

15

Ethik der KI und gesellschaftliche Verantwortung: Innovieren oder manipulieren?

„Das Geheimnis des Wandels besteht darin, all deine Energie nicht darauf zu verwenden, das Alte zu bekämpfen, sondern das Neue zu erschaffen."
(Sokrates)

Künstliche Intelligenz (KI) ist faszinierend und beängstigend zugleich. Sie eröffnet grenzenlose Möglichkeiten, aber was passiert, wenn wir sie ohne ethische Verantwortung einsetzen? KI ist kein Spielzeug, das man einfach in die Welt entlässt. Sie kann helfen, aber sie kann auch zerstören. Deshalb müssen wir mutig und verantwortlich handeln – denn sonst wird die Welt, wie wir sie kennen, nicht mehr dieselbe sein.

15.1 Das Gewissen der Maschinen: Warum uns das betrifft

Lass uns kurz innehalten. Stell dir vor, du baust ein Roboter-Auto. Du fütterst es mit allen möglichen Daten, die es zum Fahren braucht: Straßenkarten, Verkehrsregeln, Wetterbedingungen. Doch eines Tages macht dieses Auto einen Fehler – es ignoriert einen Fußgänger, weil es denkt, der sei ein Baum. Warum? Weil die Daten, mit denen du das Auto trainiert hast, nicht alle realen Situationen erfasst haben.

Hier wird es gefährlich: KI funktioniert nur so gut wie die Daten, die sie bekommt. Wenn diese Daten Lücken, Vorurteile oder Fehler enthalten, übernimmt die KI diese Fehler. Du kannst also nicht einfach auf die KI zeigen und sagen: „War nicht meine Schuld!" Es war deine Verantwortung, sie richtig zu füttern und sicherzustellen, dass sie keine falschen Entscheidungen trifft.

Beispiel Nehmen wir ein KI-System, das Bewerbungen für einen Job durchgeht. Wenn es auf Basis von Daten trainiert wird, die überwiegend Bewerbungen von Männern bevorzugen, wird es Frauen benachteiligen, ohne dass das jemand sofort merkt. Plötzlich sind Frauen chancenlos – und das, obwohl es keinen vernünftigen Grund dafür gibt. Das zeigt: KI macht Fehler, wenn wir sie nicht gut programmieren und überwachen.

15.2 Bias und Diskriminierung: Wenn die KI uns teilt statt uns vereint

Bias ist ein vorurteilbehaftetes Verhalten der KI. Angenommen, du baust ein Team zusammen, aber jemand in deinem Team mag keine blauen T-Shirts. Jetzt stellst du automatisch nur Leute ohne blaue T-Shirts ein. Das ist Bias. Die KI macht dasselbe: Sie bevorzugt oder benachteiligt Menschen basierend auf bestimmten Merkmalen, oft ohne, dass wir es merken.

Beispiel Wenn wir KI in der Polizei einsetzen, um festzustellen, wer ein Verbrechen begehen könnte, könnte die KI bestimmte Bevölkerungsgruppen unfair behandeln, weil sie auf Basis von alten Daten lernt, in denen diese Gruppen öfter mit Verbrechen in Verbindung gebracht wurden. Die Folge? Mehr Überwachung und weniger Chancen für diese Menschen – ein Teufelskreis der Diskriminierung. Wenn wir also nicht mutig handeln und diese Probleme ernst nehmen, wird KI unser Leben nicht einfacher, sondern ungerechter machen. Die Kluft zwischen verschiedenen gesellschaftlichen Gruppen wird größer, und das Vertrauen in Technologie und Unternehmen schwindet. Unsere Wirtschaft und unser Zusammenleben werden dadurch zerrüttet.

15.3 Verantwortung der Führungskräfte: Der Mut zur Ethik

Stell dir vor, du baust einen riesigen Wolkenkratzer. Aber statt sicherzustellen, dass das Fundament stabil ist, beginnst du einfach, Stockwerk für Stockwerk in die Höhe zu bauen. Was passiert? Richtig – eines Tages fällt der ganze Turm in sich zusammen, weil die Basis nicht stark genug war. Das ist genau das Problem, wenn Führungskräfte sich nicht um ethische Fragen in der KI kümmern. Sie bauen die Zukunft, aber wenn sie das Fundament – sprich, Ethik und Verantwortung – ignorieren, bricht alles zusammen. Es ist also ihre Pflicht, sicherzustellen, dass die KI-Systeme in ihrem Unternehmen fair, transparent und verantwortungsvoll sind.

Beispiel Ein Unternehmen, das KI nutzt, um seine Kunden zu betreuen, kann einen Riesenschaden anrichten, wenn die KI beginnt, Kunden aufgrund ihrer Hautfarbe, ihres Geschlechts oder ihrer Herkunft anders zu behandeln. Das könnte nicht nur das Geschäft ruinieren, sondern auch das Vertrauen der Kunden zerstören beziehungsweise das eine, das andere nach sich ziehen. Verantwortung bedeutet, auf lange Sicht zu denken und sicherzustellen, dass KI das Unternehmen stärkt, statt es zu gefährden.

15.4 Was passiert, wenn wir nicht handeln: Ein Blick in die Zukunft

Was passiert, wenn wir nicht verantwortungsvoll mit KI umgehen? Lass uns eine Reise in eine mögliche Zukunft machen.

Stell dir eine Welt vor, in der KI überall ist. Sie trifft Entscheidungen darüber, wer einen Kredit bekommt, wer einen Job erhält, wer medizinische Versorgung bekommt. Das klingt erstmal gut – alles schnell und effizient. Aber jetzt stell dir weiter vor, die KI hat einen Fehler in ihren Daten. Sie beginnt, arme Menschen systematisch zu benachteiligen, weil ihre Datensätze ihnen weniger Erfolgschancen zuschreiben. Bald wird es fast unmöglich, aus der Armut herauszukommen, weil die KI immer die Reichen bevorzugt. Diese Ungleichheit würde nicht nur unser wirtschaftliches System zerschlagen, sondern auch unsere Gesellschaft. Das Vertrauen in KI würde schwinden, Menschen würden sich von Technologie abwenden, und Unternehmen würden darunter leiden, weil sie keine zufriedenen Kunden mehr hätten.

Beispiel Ein großer Online-Shop setzt KI ein, um Kaufvorschläge zu machen. Wenn diese KI jedoch nur reiche Kunden bevorzugt und den Rest ignoriert, verlieren bald viele Menschen das Interesse an der Plattform. Am Ende verliert das Unternehmen nicht nur Kunden, sondern auch das Vertrauen der Gesellschaft.

15.5 Der Ausweg: Ethische KI als Basis für Erfolg

Aber es gibt Hoffnung. Wenn wir mutig handeln und ethische Verantwortung übernehmen, kann KI zu einer der größten Stützen unserer Zukunft werden. Unternehmen, die Ethik ernst nehmen, werden langfristig gewinnen – weil sie das Vertrauen der Menschen haben. Eine KI, die transparent, fair und sicher ist, wird von Kunden und Mitarbeitern gleichermaßen geschätzt. Imaginiere eine Welt, in der KI tatsächlich dabei hilft, Probleme zu lösen: Sie gleicht Bildungschancen aus, verbessert die Gesundheitsversorgung und macht den Arbeitsmarkt fairer. Das ist nur möglich, wenn wir heute den Mut haben, die richtigen Weichen zu stellen. KI kann die Welt verändern – aber nur, wenn wir es auch wollen.

> **Praxis: Ethik der KI und gesellschaftliche Verantwortung – Innovieren oder manipulieren?**
> **Takeaway:**
> Ohne ethische Verantwortung ist KI eine Gefahr. Unternehmen müssen den Mut haben, ethisch zu handeln, und sicherstellen, dass KI zum Wohl der Gesellschaft eingesetzt wird – fair, transparent und verantwortungsvoll.

16

KI-Strategien für Unternehmen: Verantwortungsbewusste Innovationen und praktische Anwendungen

Der Einsatz von Künstlicher Intelligenz (KI) in Unternehmen scheint wie ein schillernder Zaubertrick. Ein Knopfdruck, und schon wird alles schneller, effizienter und schlauer. Aber – und das ist der entscheidende Punkt – ohne verantwortungsvolle Anwendung kann dieser Trick ganz schön nach hinten losgehen. KI ist mächtig, aber ihre Kraft muss gezielt und ethisch gesteuert werden.

16.1 Wie implementiere ich KI ethisch und verantwortungsvoll?

Stell dir vor, du leitest ein Unternehmen, und du entscheidest dich, KI einzusetzen, um den Kundenservice zu verbessern. Klingt gut, oder? Chatbots, die rund um die Uhr verfügbar sind, intelligente Systeme, die Kundenanfragen in Sekundenschnelle beantworten – perfekt! Aber dann merkst du plötzlich, dass deine Kunden sich über die mangelnde Menschlichkeit im Service beschweren. Was ist schiefgelaufen?

Beispiel Ein Unternehmen implementiert KI-basierte Kundenbetreuung und setzt Chatbots ein, um Anfragen zu bearbeiten. Anfangs läuft alles glatt, aber bald häufen sich Beschwerden, dass die Antworten der Chatbots emotionslos und unpersönlich sind. Die Kunden fühlen sich wie Nummern, nicht wie Menschen. Hier wird klar: KI kann menschliche Nähe nicht ersetzen – aber sie kann sie ergänzen. Die Lösung? Kombiniere KI mit einem menschlichen Touch. Zum Beispiel könnten Chatbots einfache Fragen beantworten, während komplizierte oder sensible Anfragen immer noch von einem Menschen bearbeitet werden. Oder: Statt trockener automatisierter Antworten könnte die KI freundliche und empathische Formulierungen verwenden.

> **Takeaway**
> Wenn du KI einführst, stelle sicher, dass sie den Menschen unterstützt, statt ihn zu ersetzen. Nutze KI, um Routinearbeiten zu erledigen, aber behalte die emotionale Intelligenz und den Kundenkontakt, den nur der Mensch bieten kann.

16.2 Verantwortungsvolle Datenanalyse und transparente Entscheidungsfindung

Daten sind das Herzstück der KI – ohne sie läuft nichts. Doch mit großen Datenmengen kommt auch große Verantwortung. Begib dich gedanklich in die Situation, dass dein Unternehmen KI nutzt, um Verkaufsstrategien zu optimieren.

Dabei fällt dir auf, dass bestimmte Kundengruppen benachteiligt werden. Warum? Weil die KI in den alten Daten Vorurteile entdeckt hat, die sie nun blind weiterverwendet.

Beispiel Ein Einzelhandelsunternehmen nutzt KI, um die besten Verkaufsstrategien für verschiedene Kundengruppen zu ermitteln. Aber nach einiger Zeit zeigt sich, dass ältere Kunden viel weniger Angebote bekommen als Jüngere, weil die KI gelernt hat, dass jüngere Kunden mehr online einkaufen. Das Ergebnis: Eine komplette Kundengruppe wird ignoriert – und das Unternehmen verliert wertvolle Marktanteile. KI macht keine fairen Entscheidungen, wenn sie auf unfairen Daten basiert. Wenn wir der KI blind vertrauen, ohne die zugrunde liegenden Daten zu prüfen, werden wir Fehler machen.

> **Takeaway**
> Sorge dafür, dass die Daten, mit denen deine KI arbeitet, sauber, fair und divers sind. Prüfe regelmäßig die Entscheidungen, die die KI trifft, und sorge für Transparenz, damit auch deine Kunden und Mitarbeiter verstehen, wie die KI arbeitet.

16.3 Integrierte KI-Lösungen für kleine und mittlere Unternehmen

Nicht nur große Konzerne können von KI profitieren. Auch kleine und mittlere Unternehmen (KMUs) können KI nutzen, um wettbewerbsfähig zu bleiben. Aber oft schreckt der Gedanke an Kosten und Komplexität ab. Wie also kann ein kleines Unternehmen KI nutzen, ohne sich zu überfordern?

Beispiel Ein Familienbetrieb, der handgefertigte Möbel herstellt, will seine Effizienz steigern. Die Lösung? Eine einfache KI-Anwendung, die hilft, den Lagerbestand zu verwalten und Kundenbestellungen automatisch zu priorisieren. So bleibt mehr Zeit für das eigentliche Handwerk, und die KI übernimmt die Verwaltung. Die Wahrheit ist: KI muss nicht kompliziert sein. Es gibt zahlreiche skalierbare Lösungen, die speziell für kleinere Unternehmen entwickelt wurden und sich problemlos in bestehende Systeme integrieren lassen.

16.4 KI und Mitarbeitereinbindung: Der Mensch im Zentrum der Innovation

Eine der größten Ängste, wenn es um KI geht, ist der Verlust von Arbeitsplätzen. Viele Mitarbeiter haben Angst, dass sie durch KI ersetzt werden könnten. Die Lösung liegt jedoch nicht im Vermeiden von KI, sondern darin, sie als Werkzeug zur Unterstützung der Mitarbeiter zu nutzen.

Beispiel Ein Unternehmen führt KI ein, um administrative Aufgaben wie die Terminplanung oder Bestandsaufnahme zu automatisieren. Die Mitarbeiter fürchten, dass ihre Jobs überflüssig werden. Doch anstatt die Mitarbeiter zu entlassen, investiert das Unternehmen in Schulungen und Weiterbildungen, sodass die Mitarbeiter lernen, die KI zu nutzen, um produktiver und kreativer zu arbeiten. Das Ergebnis? Mitarbeiter fühlen sich sicher und wertgeschätzt, während das Unternehmen gleichzeitig effizienter wird. Die Wahrheit: KI kann eine Bedrohung sein, wenn sie falsch eingesetzt wird – oder eine Chance, wenn sie richtig genutzt wird. Es liegt an den Führungskräften, sicherzustellen, dass die Menschen nicht durch die Technik ersetzt werden, sondern von ihr profitieren.

> **Takeaway**
> Binde deine Mitarbeiter in die Einführung von KI ein, indem du ihnen Schulungen und neue Entwicklungsmöglichkeiten anbietest. Zeige ihnen, dass KI nicht der Feind ist, sondern ein Werkzeug, das sie entlasten und unterstützen kann.

16.5 Die richtige Balance zwischen Effizienz und Menschlichkeit

Die Verlockung von KI liegt in ihrer Effizienz. Sie kann in Sekunden Entscheidungen treffen, die Menschen Tage kosten würden. Aber wie bei allem im Leben gibt es eine Balance zu wahren: Effizienz darf nicht auf Kosten der Menschlichkeit gehen.

Beispiel Ein Online-Händler nutzt KI, um Bestellungen blitzschnell zu bearbeiten. Doch die Kunden beklagen sich über die unpersönlichen und mechanischen E-Mails, die sie nach dem Kauf erhalten. Anstatt einfach nur die KI arbeiten zu lassen, entscheidet sich das Unternehmen, personalisierte Nachrichten einzuführen, die zwar von der KI erstellt, aber von einem echten Menschen abgerundet werden. Die Kunden fühlen sich wieder wertgeschätzt – und die Effizienz leidet nicht darunter. KI kann vieles schneller und besser machen – aber wir dürfen nicht vergessen, dass der Mensch das Herzstück jeder Entscheidung bleibt. Finde die richtige Balance. Nutze die Geschwindigkeit und Effizienz der KI, aber vergiss nie den persönlichen Kontakt, der deine Kunden und Mitarbeiter wirklich erreicht.

Praxis: KI-Strategien für Unternehmen – Verantwortungsbewusste Innovationen und praktische Anwendungen

Takeaway:

Der erfolgreiche Einsatz von KI in Unternehmen erfordert eine klare Strategie, die sowohl technologische Innovationen als auch ethische Grundsätze vereint. KI ist ein Werkzeug, das effizient eingesetzt werden sollte, um Menschlichkeit zu fördern, nicht zu ersetzen.

Schaue dir die vielen cloudbasierten und „Out-of-the-Box"-KI-Lösungen an, die auch für kleinere Budgets geeignet sind. Fange mit einer kleinen Anwendung an, wie beispielsweise einer automatisierten Rechnungsstellung oder einer KI-basierten Analyse von Kundenfeedbacks, und skaliere dann nach Bedarf.

17

Praktische KI-Anwendungsfälle für Unternehmen: Wie du KI sinnvoll und einfach nutzt

Nach all den theoretischen Überlegungen und ethischen Diskussionen über Künstliche Intelligenz (KI) wird es nun praktisch. KI ist längst nicht mehr nur großen Technologieunternehmen oder millionenschweren Konzernen vorbehalten – auch kleine und mittlere Unternehmen (KMUs) können erheblich von ihrem Potenzial profitieren.

Beispiel Nina betreibt ein kleines Modegeschäft in Berlin. Der Kundenservice lief immer gut, aber sie hatte Schwierigkeiten, auf alle Anfragen rechtzeitig zu reagieren. Dann setzte sie einen Chatbot ein, der häufige Fragen automatisch beantwortete. Plötzlich bekam sie mehr Zeit, um sich um ihre kreativen Aufgaben zu kümmern, während ihre Kunden durch die schnelle Reaktionszeit begeistert waren. Die Einführung von KI war der Schritt, der ihr half, ihr Geschäft zu skalieren und gleichzeitig ihren persönlichen Kontakt zu den Kunden zu wahren.

17.1 Chatbots im Kundenservice: Rund um die Uhr für deine Kunden da

Beginnen wir mit einem der einfachsten und effektivsten Anwendungsfälle: Chatbots. Chatbots sind Programme, die auf Websites oder in Apps eingesetzt werden und Kundenfragen automatisiert beantworten können. Sie arbeiten 24 h am Tag, 7 Tage die Woche, und sind damit ideale Helfer, um deinen Kundenservice zu entlasten.

Beispiel Du betreibst einen kleinen Online-Shop für handgefertigte Schmuckstücke. Täglich erhältst du eine Flut von E-Mails und Anfragen: „Wo ist mein Paket?", „Kann ich das Armband auch in Silber haben?" oder „Welche Größe passt mir?". Statt selbst jede dieser Fragen zu beantworten, setzt du einen Chatbot ein, der die häufigsten Anfragen automatisch bearbeitet. Kunden erhalten sofort eine Antwort, und du kannst dich um das Design und die Herstellung kümmern. Ein Chatbot entlastet dich und dein Team von Routineanfragen, sodass ihr euch auf komplexere oder persönlichere Aufgaben konzentrieren könnt. Gleichzeitig haben die Kunden das Gefühl, jederzeit betreut zu werden – und das rund um die Uhr.

17.2 Automatisierte Terminplanung: Nie mehr Terminkollisionen

Besonders in der Dienstleistungsbranche ist es oft eine Herausforderung, Termine zu planen. Ein KI-basiertes Terminplanungssystem kann dir diese Aufgabe erleichtern, indem es automatisch freie Termine erkennt und anbietet, Kunden benachrichtigt und Terminkollisionen vermeidet.

Beispiel Du betreibst einen kleinen Friseursalon und möchtest deinen Terminplan optimieren. Statt Kundenanfragen manuell zu koordinieren, nutzt du eine KI-basierte Terminplanungssoftware. Diese erkennt automatisch freie Slots, sendet deinen Kunden Erinnerungen und benachrichtigt dich über Änderungen. Selbst außerhalb der Öffnungszeiten können Kunden online Termine buchen. Du sparst Zeit und reduzierst den Verwaltungsaufwand, während deine Kunden flexibler ihre Termine vereinbaren können. Doppelte Buchungen und verpasste Termine gehören der Vergangenheit an.

17.3 Produkt- oder Serviceempfehlungen: Dein persönlicher Verkaufsassistent

Wer träumt nicht davon, einen persönlichen Einkaufsassistenten zu haben? KI kann genau das bieten: Sie analysiert frühere Käufe, durchsucht Vorlieben und Verhaltensmuster deiner Kunden und schlägt gezielt Produkte oder Dienstleistungen vor, die ihnen gefallen könnten.

Beispiel Du betreibst einen Buchladen. Dein Online-Shop verwendet eine einfache KI, die erkennt, welche Bücher deine Kunden in der Vergangenheit gekauft haben. Darauf basierend schlägt sie automatisch neue Bücher vor, die ähnliche Themen oder Genres betreffen. So fühlt sich jeder Kunde individuell betreut, und dein Umsatz steigt. Deine Kunden erhalten personalisierte Empfehlungen, die ihre Einkaufserfahrung verbessern. Gleichzeitig steigerst du die Kundenbindung und erhöhst die Wahrscheinlichkeit, dass sie wieder bei dir einkaufen.

17.4 Automatisierte Rechnungsstellung und Buchhaltung: Nie wieder Zahlungen verpassen

Einer der größten Zeitfresser in kleinen Unternehmen ist die Buchhaltung. Zahlungen müssen überwacht, Rechnungen erstellt und Zahlungen verfolgt werden. Eine KI-basierte Buchhaltungslösung kann all das automatisieren.

Beispiel Ein kleiner Handwerksbetrieb nutzt eine KI-Software, die automatisch Rechnungen an Kunden verschickt, Zahlungen überwacht und das Unternehmen benachrichtigt, wenn eine Rechnung überfällig ist. Die KI erstellt außerdem Berichte, die dem Inhaber helfen, die Finanzen im Blick zu behalten. Du sparst nicht nur Zeit, sondern vermeidest auch Fehler, die bei der manuellen Rechnungsstellung passieren könnten. Zudem verbesserst du den Cashflow, da Zahlungen automatisch verfolgt werden und keine überfälligen Rechnungen übersehen werden.

17.5 KI-basierte Bestandsverwaltung: Immer die richtigen Produkte auf Lager

Bestandsverwaltung kann komplex sein, besonders wenn du physische Produkte verkaufst. Eine KI-basierte Bestandsverwaltung hilft dir, Lagerbestände effizient zu überwachen, Nachbestellungen zu optimieren und Engpässe zu vermeiden.

Beispiel Du führst ein kleines Lebensmittelgeschäft. Eine KI analysiert deine Verkaufsdaten und erkennt, wann bestimmte Produkte besonders gefragt sind. Bevor der Vorrat zur Neige geht, schlägt die KI automatisch vor, diese Produkte nachzubestellen. Gleichzeitig hilft sie dir, Produkte, die weniger gut laufen, besser zu managen, um unnötige Lagerkosten zu sparen. Du vermeidest unnötige Engpässe und stellst sicher, dass immer genug Waren auf Lager sind. Gleichzeitig optimierst du deinen Einkauf und sparst Lagerkosten, indem du Überbestände reduzierst.

Wie du KI praktisch und effektiv einsetzt
Der Einstieg in die Welt der KI muss nicht kompliziert sein. Es geht nicht darum, dein Unternehmen radikal umzukrempeln, sondern schrittweise KI-Lösungen zu integrieren, die dir den Alltag erleichtern. Von Chatbots über Terminplanung bis hin zur Buchhaltung – KI kann dein Unternehmen effizienter machen, ohne dass du auf den persönlichen Kontakt und den menschlichen Aspekt verzichtest. Fange klein an: Setze auf Lösungen, die leicht zu implementieren sind und einen direkten Nutzen bringen. Mit der Zeit wirst du feststellen, dass KI ein Werkzeug ist, das nicht nur Kosten spart und Effizienz steigert, sondern auch deine Kundenbindung verbessert und dich wettbewerbsfähig hält.

> **Praxis: Praktische KI-Anwendungsfälle für Unternehmen**
>
> **Takeaway:**
> KI bietet Unternehmen vielfältige praktische Anwendungsmöglichkeiten – von Chatbots über automatisierte Entscheidungsprozesse bis hin zu Datenanalysen. Der Schlüssel liegt darin, KI sinnvoll zu integrieren, um Effizienz und Kundenbindung zu steigern.

Reflexionsfragen:

- Welche KI-Anwendungen könntest du sofort in deinem Unternehmen integrieren?
- Welche Routineaufgaben in deinem Unternehmen könnten durch KI automatisiert werden?
- Wie kannst du sicherstellen, dass deine KI-Anwendungen sowohl effizient als auch menschlich sind?

To-do-Liste:

1. Teste einen KI-Chatbot für Kundenservice-Anfragen und überprüfe die Ergebnisse nach einem Monat.
2. Führe eine KI-basierte Datenanalyse durch, um neue Geschäftspotenziale zu entdecken.
3. Setze dich mit Automatisierungs-Tools auseinander und identifiziere Bereiche, in denen du deine Geschäftsprozesse effizienter gestalten kannst.

18

Gesamt-Fazit: Die Balance zwischen KI und Menschlichkeit

Wir stehen an der Schwelle zu einer neuen Ära, in der Künstliche Intelligenz (KI) tief in unser Leben und unsere Wirtschaft eindringt. Die Möglichkeiten scheinen grenzenlos: von Effizienzsteigerungen in Unternehmen über Automatisierung bis hin zur personalisierten Kundenansprache. Doch bei all der Begeisterung darf eines nie aus den Augen verloren werden: die Menschlichkeit.

KI ist ein Werkzeug – und wie bei jedem Werkzeug liegt die Verantwortung bei uns Menschen, es sinnvoll und verantwortungsvoll zu nutzen. Der Schlüssel zu einer erfolgreichen Zukunft mit KI liegt darin, eine Balance zu finden: Effizienz durch Technologie und emotionale Intelligenz durch den Menschen. Unternehmen, die es schaffen, diese Balance zu wahren, werden in der Lage sein, nicht nur wirtschaftlich erfolgreich zu sein, sondern auch das Vertrauen ihrer Kunden, Mitarbeiter und der Gesellschaft zu gewinnen. Die Menschlichkeit darf nicht auf der Strecke bleiben. Kunden möchten nicht nur schnell und effizient bedient werden – sie wollen sich verstanden und wertgeschätzt fühlen. Mitarbeiter wollen keine Angst vor einem Jobverlust haben, sondern von KI unterstützt werden, um kreativere und ‚erfüllendere' Aufgaben zu übernehmen. KI darf nicht zu einem kalten und unpersönlichen Ersatz für menschliche Interaktion werden. Beispiele aus diesem Buch zeigen, wie KI uns helfen kann, alltägliche Aufgaben zu vereinfachen und die Effizienz zu steigern. Aber sie zeigen auch, dass KI ohne Menschlichkeit leer bleibt. KI kann Prozesse beschleunigen, Entscheidungen treffen und uns Zeit sparen – aber sie kann nicht die Werte und die Einfühlsamkeit ersetzen, die uns als Menschen ausmachen. Unternehmen, die in der Lage sind, diese Technologie verantwortungsvoll zu integrieren, werden einen entscheidenden Wettbewerbsvorteil haben. Nicht durch die Kälte der Maschinen, sondern durch die Wärme der Menschlichkeit, die diese Technologien ergänzen. Es ist die Verbindung von Mensch und Maschine, die den Weg in eine erfolgreiche und ethische Zukunft ebnen wird. Wir haben die Macht, KI so zu formen, dass sie unsere Welt verbessert – eine Welt, in der Technologie nicht dominiert, sondern unterstützt. Die Zukunft gehört denen, die den Mut haben, die Vorteile der KI zu nutzen, ohne dabei ihre ethische Verantwortung und ihre Menschlichkeit zu verlieren. Die Herausforderung der kommenden Jahre wird sein, sicherzustellen, dass wir nicht nur die effizienteste, sondern auch die menschlichste Version unserer Zukunft schaffen. Die Entscheidungen, die wir heute treffen, werden bestimmen, ob KI unser Leben bereichert oder uns von dem entfernt, was uns wirklich ausmacht: unsere Menschlichkeit. Ein letzter Tipp: Um KI sinnvoll zu nutzen, ist es ratsam immer vom konkreten Anwendungsfall auszugehen um eine passende Lösung zu finden – alles andere kostet nur Zeit und Geld.

Epilog: Die KI-Revolution und Menschlichkeit im digitalen Zeitalter

Wir stehen an einem Wendepunkt. Die Künstliche Intelligenz (KI), die uns angetrieben hat, neue Wege zu beschreiten, ist nicht einfach eine technologische Entwicklung – sie ist ein Katalysator für eine grundlegende Veränderung unserer Gesellschaft. Doch in all dem digitalen Rauschen, inmitten von Algorithmen und Datenströmen, gibt es eine Konstante, die nie an Bedeutung verliert: Menschlichkeit.

Die Essenz dieses Buches war von Anfang an klar: Technologie kann uns untersützen, sie kann uns befähigen, aber sie kann uns nicht ersetzen. Unser Wert liegt in unserem Menschsein. In unserer Fähigkeit, Empathie zu empfinden, komplexe Probleme kreativ zu lösen und in unserer unermüdlichen Suche nach Sinn.

Die KI-Revolution: Ein Werkzeug, keine Bedrohung
Die wahre Macht der KI liegt nicht darin, uns zu ersetzen, sondern uns zu ergänzen. Sie kann repetitive Aufgaben

übernehmen, sie kann Daten in unvorstellbarer Geschwindigkeit analysieren – aber sie kann keine Leidenschaft entfachen, keine Beziehungen knüpfen und keinen Sinn in unser Leben bringen. Das ist unsere Aufgabe.

Wenn wir zurückblicken auf die grossen Revolutionen der Menschheitsgeschichte, erkennen wir ein Muster: Technologie treibt Fortschritt an, aber es sind die Menschen, die ihn gestalten. Wir sind es, die entscheiden, wie diese Technologien eingesetzt werden – zum Wohlstand, zum Nutzen, zur Verbesserung unseres Lebens. Oder wir überlassen es den Maschinen, uns zu lenken.

Die Zukunft, die wir erschaffen
Dieses Buch hat dir gezeigt, dass die Macht der KI gross ist, aber unsere Verantwortung, sie richtig zu nutzen, ist noch größer. Es liegt an uns, die Balance zwischen Effizienz und Menschlichkeit zu wahren. Unternehmen, die dies verstehen, werden die Zukunft prägen. Aber die Herausforderung endet nicht bei der Technologie. Sie beginnt mit uns. Mit unseren Werten, unserer Bereitschaft, mutige Entscheidungen zu treffen und unsere Menschlichkeit in den Mittelpunkt zu stellen. Die Frage, die wir uns stellen müssen, ist: Wie schaffen wir eine Zukunft, die nicht nur technologische Innovation feiert, sondern auch die Menschen darin stärkt?

Eine Einladung zur Verantwortung
Mit der Macht, die uns die KI bietet, kommt auch Verantwortung. Die Verantwortung, sie so einzusetzen, dass sie dem Wohl der Gemeinschaft dient. Die Verantwortung, ethische Entscheidungen zu treffen. Und die Verantwortung, eine Führung zu zeigen, die auf Vertrauen, Empathie und menschlichen Werten basiert.

Es liegt an uns, diese Zukunft zu gestalten

Dieses Buch ist mehr als eine Ansammlung von Informationen über Technologie. Es ist ein Aufruf zum Handeln, eine Einladung, den Sprung zu wagen und Teil einer Revolution zu sein, die tief in unserer Menschlichkeit verankert ist.

Zum Schluss: Sei der Wandel

Wenn wir die elementaren Fragen, wie: Wer bin ich? Was will ich? Warum will ich das? – nicht beantworten können, laufen wir Gefahr, in einer Welt voller Technologie und Automatisierung unseren inneren Kompass zu verlieren. Wir werden zu blossen Zahnrädern in einem System, das von Algorithmen gesteuert wird, während unsere Menschlichkeit verkümmert. Ohne klare Antworten auf diese Fragen riskieren wir, fremdgesteuert zu leben, statt unser Leben aktiv und sinnerfüllt zu gestalten.

Die Welt, die vor uns liegt, ist voller Möglichkeiten. Die KI bietet uns die Chance, die Welt zu verbessern, aber wir müssen den Mut haben, uns den Herausforderungen zu stellen, die damit einhergehen. Nur dann können wir eine Zukunft erschaffen, in der Technologie nicht entmenschlicht, sondern uns befähigt, mehr von dem zu tun, was uns wirklich ausmacht. Es ist deine Entscheidung, ob du dich den Veränderungen stellst oder ob du abwartest, während die Welt um dich herum weitergeht. Aber eines ist sicher: Die Revolution ist im Gange.

Wirst du der Architekt dieser neuen Welt sein?

The manufacturer's authorised representative in the EU is Springer Nature Customer Service Centre GmbH, Europaplatz 3, 69115 Heidelberg, Germany. If you have any concerns regarding our products, please contact ProductSafety@springernature.com

Printed and bound by CPI Group (UK) Ltd, Croydon, CR0 4YY
23/03/2026
02076396-0001